スポーツ・エクセレンス

−スポーツ分野における成功事例−

早稲田大学スポーツナレッジ研究会　編

創文企画

まえがき

　エクセレント・カンパニーという、世界的ベストセラーになったビジネス書がある。著者はトム・ピーターズとロバート・ウォーターマン、いずれもマッキンゼー社のコンサルタントである。原題は『IN SEARCH OF EXCELLENCE』、1982 年に出版された。邦訳は 1983 年（講談社）、訳者は同じマッキンゼーの日本代表であった大前研一である。その後 2003 年に英治出版から復刊されている。経営学部や学科のある大学の図書館で所蔵していないところはないのではないかと思えるようなロングセラーである。

　この本は当時米国で成功している企業を取り上げて分析している。IBM、3M、マクドナルド、ウォルト・ディズニー、ウォルマートなどである。日本の企業も含まれているのだが、重要なのは、いずれもかつての米国では優良であるとみなされていなかった企業が多いということである。企業が優良であることの要件が大きく変わったこと、時代が変わったことをみごとに示した本であった。

　あいにく、この本に取り上げられた企業は、その後必ずしもエクセレントな状態を維持していない。日本では「会社の寿命 30 年」といわれるが、最近の研究ではエクセレントな期間はもっと短い。変化の激しい時代である。そして、であればなおさら、現代においてエクセレントな企業を見つけ、その要因を検討することに意味がある。

　本書は、早稲田大学スポーツナレッジ研究会が 2017 年に実施した研究活動の成果であり、スポーツの分野でエクセレントな成果をあげている組織、あるいは実践を取り上げている。現時点において、いずれも大いに参考に、あるいはベンチマークとされるべきものである。研究会では、下記に示す 5 つの「エクセレントな事例」について報告と議論が行われた。本書には、報告者による稿とあわせて、それぞれのテーマに関連した論考を収録している。

　具体的な事例は以下のとおり。

「アスナビ」は、JOC が経済同友会の協力を得て構築した、アスリートを「現役選手」かつ「被用者」として企業に雇用してもらい、引退後は社員としてその会社で仕事を続ける仕組みである。一種の企業スポーツだが、多数の中堅以下の企業もアスリートを受け入れている。報告は、三井物産人事部の山中義博氏による。アスリートとアスナビの意義と意味について、スポーツ目線ではなく、企業の人事部の観点から評価が行われている。

帝京大学ラグビー部については、同大学の准教授で、ラグビー部をマーケティングの面で支援している大山　高先生に報告をしていただいた。日本代表の前監督であるエディー・ジョーンズによれば、日本の大学ラグビーでマネジメントが行われているのは帝京だけである。関係者には間違いなく参考になるが、では各大学にこれを受け入れる土壌があるかどうか。昔ながらのやりかたを捨てられるかどうか。そんなことを考えていただきたいと思う。

米国 NCAA は、スポーツ庁が大学スポーツのいわば目標としたことで、関係者の関心を集めている組織である。年間 1000 億円近い収入があることがよく取り上げられるのだが、1 週間の練習時間に制限があること、オフシーズンには活動しないことなど、日本の運動部関係者にとって、どうしても同意できないことが要求されている。日本版 NCAA はあり得るのか、あるとすれば米国の何を参考にすればよいのか。報告と論考は、おそらく日本でこの問題にもっとも詳しく深い知見をお持ちの同志社大学教授、川井圭司先生にお願いした。

GIANT は、台湾に本社を置く世界最大の自転車メーカーである。同社の創業者社長が日本のしまなみ海道を訪れ SNS で高く評価したことによってサイクリング愛好者が集まるようになったことはよく知られている。同氏を招いて地元のサイクリングロードを評価してほしい、というより世界に紹介してほしいと考える日本の自治体が少なくない。報告は国立台湾師範大学教授の林伯修先生である。スポーツの用具の世界では、ハイエンド（最高級品）はトップアスリート仕様である。しかし、GIANT の自転車はこのコンセプトを持っていない。読者には、この方針に至る過程と現在のビジョンを確認してほしいと思う。

「モバイル空間統計」は、インテージ社が提供するサービスで、スマホを持つ人の居場所を通信システムによって認識し、移動行動を明らかにするものである。大分銀行ドーム（大銀ドーム）での大分トリニータのリーグ戦を事例とし

2

て、観客がどこから来てどこへ行くのか、何時ころに来て何時に帰るのか等が、観客の基本属性、居住地などとあわせて把握される。集客マーケティングの強力なツールであり、今後観光地、都市の劇場や美術館、あるいは高速道路の混雑緩和などにも活用されていくことになるのだろう。

　本書は学部の教科書にするにしては少し専門的である。これまで研究会で出版したいくつかの書籍も同様である。つまり、売りにくい。創文企画には、それを承知で刊行を続けていただいている。記して謝す次第である。また本書は早稲田大学総合研究機構から出版費用の一部を補助していただいた。あわせて御礼申し上げる。

2018 年 5 月
武藤泰明（早稲田大学教授　研究会世話人）

スポーツ・エクセレンス ―スポーツ分野における成功事例―

目　次

まえがき…1

第1部　企業スポーツ…9

1　JOC アスナビ―新たなスポーツ・オーナーシップの成功と今後…10
山中義博

1　はじめに…10
2　アスナビ発足と経緯…11
3　アスナビの特徴…15
4　アスナビが持続可能性の高い仕組みに進化するための課題と提言…19

2　スポーツ選手とセカンドキャリア、デュアルキャリア…23
佐野慎輔

1　日本独特の企業応援…23
2　企業スポーツの目的を考えた…24
3　企業と選手のあり方…26
4　トップ選手の挑戦～北島康介を例に…30
5　閑話休題―プロ野球の取り組み…32
6　デュアルキャリア支援…35
7　がんばれ選手たち…37

3　企業スポーツの選手移籍制度に対する法的規制…39
―アスリート人材としての労働実態から―
松本泰介

1　はじめに…39
2　企業スポーツの移籍規定の実例…40
3　企業スポーツの移籍規定をめぐる現状…41

4　アスリート人材としての労働実態を踏まえた企業スポーツの移籍制度に対する法的規制…43

5　さいごに…46

4　日本のエクセレント企業スポーツとしてのラグビー…50
井上俊也

1　はじめに…50

2　日本の企業スポーツにJリーグが与えた3つの功績…50

3　エクセレント企業スポーツであるラグビー…53

4　変容するラグビー…59

5　おわりに―大学ラグビーはエクセレントスポーツとなりうるか―…61

第2部　大学スポーツ…63

5　帝京大学ラグビー部の成功要因…64
大山　高

1　はじめに…64

2　帝京大学ラグビー部のマネジメント…65

3　脱体育会系組織を築いたイノベーション…72

4　おわりに…75

6　ラグビー史におけるアマチュアリズムとエクセレンス…77
石井昌幸

1　はじめに…77

2　ラグビー史におけるふたつの神話…77

3　サッカー協会とラグビー・ユニオン…80

4　大分裂 Great Split…81

5　アマチュアリズムの黄昏…85

6　むすびにかえて：世界ラグビーの動向と日本の大学ラグビー…86

7　米国NCAAの動向と日本への示唆…89
―「教育」と「興行」のパラドクス―
川井圭司

1　はじめに…89

2 大学スポーツを統括するNCAAの役割…90
3 大学スポーツの商業化を加速させた要因…91
4 アメリカ大学スポーツのアマチュアリズムは違法…92
5 アメリカ大学スポーツが抱える問題…94
6 アメリカの動向からの示唆…96
7 まとめ…98

8 アメリカの運動部活動の歴史…104
中澤篤史

1 「運動部活動の比較史」の中のアメリカ…104
2 高校運動部活動の成立と発展（1880-1930）…105
3 当時の社会的文脈―なぜ運動部活動は発展できたのか―…108
4 20世紀後半の展開―男女平等・商業主義・学業との両立―…110
5 まとめ…112

第3部 マネジメントとマーケティング…115

9 GIANT―台湾から世界一へ…116
林　伯修

1 序説―台湾の自転車発展…116
2 製造の巨大からブランドのGIANTへ…117
3 ブランド創立段階（1986 ～ 1998）…120
4 ブランド第二段階：両岸協力体制の確立（1998 ～ 2006）…122
5 GIANTに Inspiring Adventure ブランド文化を（2006 ～）…125
6 GIANTの成功について…127
7 おわりに…131

10 サイクルツーリズム…133
原田宗彦

1 はじめに…133
2 サイクルツーリズムの定義…133
3 サイクルツーリズムの拡大…134
4 サイクルツーリズムの受け入れ体制の整備…135
5 サイクルツーリズム連携推進協議会の発足…141

6 自転車を活用した健康社会づくり…142

7 最後に…143

11 ビッグデータから見えてくるスタジアム観戦者の姿…144
阿部正三・河路　健

1 はじめに…144

2 モバイル空間統計による来場客の実態推計…146

3 ラグビー・トップリーグ来場客とサッカー来場客の相違…156

12 地方都市でプロスポーツが成り立つ理由…161
─人口・経済規模の影響を考える─
武藤泰明

1 はじめに…161

2 人口と観客数…163

3 地域の経済力を測る…165

13 「スポーツ経営」を哲学してみる…171
─日本のスポーツが「エクセレント」な存在となるために─
町田　光

1 はじめに（問題意識）…171

2 スポーツ経営は missionary な art である。…173

3 スポーツ経営における science…175

4 スポーツの「生産」と「消費」から見えてくるスポーツ経営の特性…177

5 スポーツ経営の特性と「ブランド」、「物語」…179

6 おわりに─スポーツ経営におけるmissionaryとは何か…182

執筆者一覧…184

第1部

企業スポーツ

第 1 部　企業スポーツ

1

JOC アスナビ─新たなスポーツ・オーナーシップの成功と今後

山中義博（三井物産株式会社人事総務部）

1　はじめに

　本章のテーマである企業スポーツ[1] は、これまで、国内経済の発展とともに拡大し、アスリートの活動の中心を担ってきたが、1990 年代のバブル崩壊以降に休廃部が相次ぎ、その衰退の流れが指摘されるようになって久しい。企業スポーツは、日本的経営の下、福利厚生費や労務費の名目で、人事労務管理施策の一環として発展してきた歴史があるが、澤井和彦氏[2] が示しているように、1990 年代のバブル崩壊以降の日本経済の低成長化や日本的雇用慣行、メガバンク制度といった企業スポーツを支えてきた諸制度の後退により、世の中の趨勢として、企業スポーツの縮小自体は避けられないと考えられる。一方で、実業団駅伝のように、2000 年以降に新規参入企業が現れた競技もあり、また依然として企業スポーツは五輪や世界選手権に選手を送り出す主体であることから、武藤泰明氏による「企業スポーツについての状況は、一色でも一様でもない」[3] という指摘もある。更に、競技種目によっては、企業支援の下プロ化したり、或は企業とスポンサー契約を結ぶアスリートも生まれている等、時代の流れの中で、アスリートと企業の関係は寧ろ多様化していると言える。

　2000 年に制定された「スポーツ振興基本計画」の下、公益財団法人日本オリンピック委員会（以下 JOC という）は JOC ゴールドプランプロジェクトを発足させ、スポーツ競技者の雇用も含めた企業とスポーツの新たな環境整備という課題を含め、国際競技力向上に向けた検討を重ねてきた。その文脈で、文部科学省は、2012 年に策定された「スポーツ基本計画」の中で、デュアルキ

10

ャリア[4]について意識改革を行うこと、及びアスリートのスポーツキャリア
形成のための支援を推進することを定めた。こうした流れの中、アスリートの
キャリア形成支援の新たな取組みとして、2010年にJOCが、オリンピックや
パラリンピックを目指す現役トップアスリートと企業をマッチングする就職支
援制度であるアスナビをスタートさせた。アスナビは「安心して競技に取り組
める環境を望むトップアスリートと彼らを採用し応援することで社内に新たな
活力が生まれること等を期待する企業との間にWin-Winの関係構築を目指し
ている」と説明されており、アスリートと企業の関係はスポンサーではなく、
雇用契約を基本としている。

　北川和徳氏が「企業と選手の新しい関係」としているように[5]、アスナビは、
従来型の企業スポーツとは異なる新しいモデルであることが示唆され、2016
年4月20日に開かれたJOC主催アスナビ100名就職記念シンポジウムで公
表されたアスリート採用企業75社の内、企業スポーツ経験企業が5社、未経
験企業が70社であることからも伺えるように、新たに企業スポーツに参入す
る企業を増加させる現象を生み出している。

　斯様な状況を踏まえ、筆者は[6]、2016年度早稲田大学大学院スポーツ科学
研究科修士論文[7]において、アスナビを題材とした企業人事労務管理視点で
の研究を行ったが、本論においては、当時収集したデータ[8]、及びアップデー
トしたデータに基づき[9]、アスナビ発足と経緯、アスナビの特徴、並びに将来
に向けての課題と提言について論じる。

2　アスナビ発足と経緯

　アスナビ発足と経緯について、表1の通り取りまとめた。本項では、アス
ナビの考え方の原点となっているワン・カンパニー、ワン・アスリート構想、
JOCゴールドプラン委員会将来スポーツ構想プロジェクト、アスナビの命名
と企業説明会、就職決定数の推移、並びにJOCの体制について論じる。

2-1　ワン・カンパニー、ワン・アスリート構想

　2007年4月より2年間行われたJOCゴールドプラン委員会国際競技力向上
のための諸問題検討プロジェクトの期間に、企業スポーツ衰退の流れを踏ま

第 1 部　企業スポーツ

表 1　アスナビの経緯

時系列	アスナビ関連		オリンピック・パラリンピック関連イベント
	イベント	特記事項	
2007/4 〜 2009/3	JOC ゴールドプラン委員会　国際競争力向上のための諸問題検討プロジェクト	・アスリートの環境整備を検討 ・ワン・カンパニー、ワン・アスリート構想の推進	2008/8 〜 9 夏季北京・オリパラ
2008/4.	ナショナルトレーニングセンター設立	・キャリアアカデミー事業立ち上げ	
2009/4 〜 2011/3	JOC ゴールドプラン委員会　スポーツ将来構想プロジェクト	・アスリートの環境整備を検討 ・2010/3　中間報告書を発行	2009/10/2 夏季オリパラ 2016 誘致失敗 2010/2 〜 3 冬季バンクーバー・オリパラ
2010/10/14	第一回企業説明会	・公益財団法人経済同友会の協力	
2011/3/1	「アスナビ」採用第 1 号入社	・2011/3/11　東日本大震災 ・2013/ 秋以降、就職決定増加基調	2012/7 〜 8 夏季ロンドン・オリパラ 2013/9/7 夏季オリパラ 2020 誘致決定
2014/4.	アスナビチームに企業出向者 2 名受け入れ	・アスナビチーム・企業出向者 2 名体制	2014/2 〜 3 冬季ソチ・オリパラ
2015/4.	アスナビチームに企業出向者 2 名増強	・アスナビチーム・企業出向者 4 名体制	
2016/4/20	アスナビ 100 名就職記念シンポジウム	・就職決定状況：75 社、103 名	2016/8 〜 9 夏季リオ・オリパラ
2017/4 〜	アスナビチームの企業出向者 1 名増強	・アスナビチーム・企業出向者 5 名体制	2018/2 〜 3 冬季平昌・オリパラ

（出所）JOC 公開データ、及び関係者インタビューに基づき筆者が作成

え、アスリートの環境整備の視点から、企業とアスリートが Win-Win の関係をつくるための討議を重ねる過程で、JOC 内で提唱され始めた構想と考えられる。実際、最初に JOC として同構想を認識した時期は未確認だが、荒木田裕子氏 [10] が、2000 年代初頭、JOC の研修制度で英国 BOA（British Olympic Association）へ派遣された時、アスリートをサポートするセクションで O.P.E.N（Olympic Paralympic Employment Network）[11] というアスリートが企業に雇用されることにより、アスリートが経済的に安定し、且つ職場の理解と支援の下、十分な練習時間を確保し、競技力の向上を図り、目標に向かって進むことを目的としたプロジェクトに接し、日本へ持ち帰った事実が、大きな

役割を果たしたと考えられる。その意味では、アスナビの考え方の基本とも言うべきワン・カンパニー、ワン・アスリート構想の原型は英国にあると言っても過言ではないだろう。

2-2 JOC ゴールドプラン委員会スポーツ将来構想プロジェクト

　JOC ゴールドプラン委員会国際競技力向上のための諸問題プロジェクトに続き、2009 年 4 月よりスポーツ将来構想プロジェクトが進められ、その中の指導者・選手環境整備ワーキンググループにおいて、アスリートを取り巻くサポート組織である競技団体、企業、クラブ、大学の現状調査の整理と課題抽出が、人材（ヒト）、施設・設備（モノ）、財源（カネ）といった経営資源を切り口として行われた。一連の調査の流れにおける競技団体のヒアリングにより、オリンピックを目指す現役トップアスリートの生活基盤が安定していないこと、及び競技団体により支援体制に相当温度差があることが分かり、以下の仮説が立てられた。

1) トップアスリートに特別な処遇が必要な訳ではなく、ある程度国の強化費が出ることを考慮すると、ある程度の収入さえあれば、環境が大きく改善するのではないか。

2) 福利厚生費や広告費の削減、競技成績によるスポンサー支援打ち切り等、企業スポーツに逆風が吹く中、企業に対するアプローチとして、雇用による一般社員と同等の人件費負担という切り口であれば、構造的にも、簡単に切られ難いであろうし、アスリートのセカンドキャリアの問題も解決するのではないか。

　こうした仮説を持って、企業にヒアリングを実施したところ、世界を競技活動の舞台とするトップアスリートには高額な投資を必要とするのではないか、という思い込みがあり、これを払拭するよう、企業の経営課題と言える一般社員のコミュニケーション問題解決のツールとしての活用、或は世界を目指すトップアスリートが職場にいることによる刺激、士気高揚、組織一体感醸成への活用といった企業経営面でのメリットを示すことも含め、丁寧な説明を行ったという。その過程の中で、2009 年に、ワン・カンパニー、ワン・アスリート構想の実践例を体現していた名古屋フラーテル（男子ホッケーチーム）[12] のヒアリングを実施したことにより、同構想を推進していく上で良い感触を持っ

第 1 部　企業スポーツ

たようである。

　また、こうした検討の流れと連動するように、2008 年 4 月にナショナルト
レーニングセンターが設立され、JOC のキャリアアカデミー事業がスタート
したが、当初のミッションは引退後のセカンドキャリア支援であったものの、
実際にオリンピアンやオリンピックを目指すアスリートにヒアリングしてみる
と、現役続行のためのスポンサーや所属探しがままならない話が冬の競技を中
心に数多く見出された。こうした現場の声もアスナビを推進する上での後押し
になったと考えられる。

2-3　アスナビの命名と企業説明会

　アスナビの命名者である原田尚幸氏 [13] によると、当初はトップアスリート
のための就職支援ナビゲーションという長い名称であったので、「明日のスポ
ーツ界と社会を担うトップアスリート」という意味合いから、アスナビの名称
を考案したとのことである。

　経済同友会の岡野貞彦氏 [14] よる「検討するだけでなく、思い切って企業向
け説明会を開催してはどうか」という提案が切欠となり、当時 JOC のアスナ
ビ責任者であった八田茂氏 [15] との協働作業により、2010 年 10 月に経済同友
会の支援を得て第一回企業説明会が開催され、5 社による 5 名のトップアスリ
ート採用が決定した。アスナビによる採用第一号の入社は 2011 年 3 月 1 日で
ある。

　企業説明会は、その後、経済同友会だけでなく、経団連、各地商工会議所、
その他経済団体、東京都等の支援を得て、2018 年 3 月 26 日に行われた会まで、
合計 63 回の開催を数える。こうした流れを見ると、企業トップダウンの意思
決定を引き出すべく、企業を束ねる経済団体等を活用したアプローチが鍵であ
ったことが分かる。

2-4　就職決定数の推移

　第一回企業説明会の後、巡航速度で就職決定数が推移した訳ではなく、暫く
は鳴かず飛ばずの状況が続き、2012 年 7 月〜 8 月の夏季ロンドンオリンピック・
パラリンピックから、徐々に企業の関心が高まり、2013 年 9 月 7 日の 2020 年
東京オリンピック・パラリピック開催決定を機に、同年秋以降、就職決定数が

14

増加基調に転じた。こうした流れの中で、2016 年 4 月 20 日、JOC 主催アスナビ 100 名就職記念シンポジウムが開催され、2018 年 3 月 26 日、第 63 回目の企業説明会で公表された就職決定数は、141 社、211 名（2018 年 3 月 12 日現在）に上る。

　一般にトップアスリートの採用にはコストや企業の受け入れ環境面で多大な負担になるという思い込みがあり、正しい情報が伝わっていないことが多々あるため、JOC のアスナビチームがそうしたギャップを埋める努力を継続的に行うと共に、企業説明会の機会を活用し、採用企業が登壇の上、またアスナビ広報誌等を活用し、リアリティーを持って自社の経験を語ったことで、採用実績が増えていったと考えられる。

2-5 JOC の体制

　アスナビは、JOC が厚生労働省の無料職業紹介事業の認可を取得の上、企業と競技団体の推薦状を持ってエントリーしたトップアスリートのマッチングを行うシステムである。

　アスナビによる就職決定数の増加基調に呼応する形で、アスナビチームの体制強化が図られ、発足当初暫くは、前述の八田茂氏とカウンセラーの 2 名だけで実務を執行していたが、2014 年 4 月、2015 年 4 月に各々 2 名ずつアスナビ採用企業から出向者を受け入れ、現在アスナビチーム責任者の中村祐樹氏 [15)] と企業出向者 5 名の体制に強化された。採用企業の出向者を軸とする体制にした理由は、アスナビによりアスリート採用を検討している企業は、企業スポーツ未経験企業が大半であり、こうした企業に対して、アスナビアスリートを雇用する現場での運用と活用の実績に基づいた経験と知見を語れるためと考えられる。

3　アスナビの特徴

　本項では、図 1 にアスナビ対象トップアスリートのイメージ図、及び表 2 にアスナビの実績と企業運用一覧を示し、アスナビ対象のトップアスリート、アスナビ対象の企業、採用、並びに雇用条件について概観する。

第 1 部　企業スポーツ

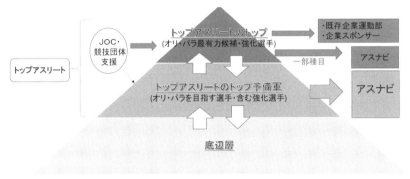

図 1　アスナビ対象トップアスリートのイメージ図
出所：JOC へのヒアリングに基づき筆者が作成

3-1 アスナビ対象のトップアスリート

1) 女子ラグビー、女子アイスホッケーを除き、個人種目競技のオリンピック・パラリンピックを目指すトップアスリートである。
2) 個人種目競技のトップアスリートの中でも、一部の競技種目を除き、企業運動部の枠組みに入らない、或は企業スポンサーがつかないトップ予備軍のアスリートが主体である。
3) 当初は企業スポーツ逆風の影響を受け生活基盤に不安を抱えているアスリートの中途採用を想定していたが、表 2 の通り就職決定数の約半数は新卒者である。
4) オリンピック・パラリンピック強化選手が基本であるが、新卒者については競技団体の推薦があればエントリー可である。2017 年 7 月 1 日付オリンピック強化指定選手数は、夏季競技と冬季競技を合わせ 1,902 名であり、採用実績の約半数が新卒である現状下、アスナビにエントリーするアスリートは、年間 50 人程度と相当限定的である。

3-2 アスナビ対象の企業

　アスナビのワン・カンパニー、ワン・アスリート構想の精神は、どんなに規模の小さな企業でも、スポーツに何らかの関わりを持つことで、それが企業や組織にプラスの影響をもたらすことである。この精神に賛同した企業を増やし

1 JOC アスナビ―新たなスポーツ・オーナーシップの成功と今後

表2 アスナビの実績と企業運用一覧

就職決定実績（*）		141社、211名／夏季：131名、冬季：48名、パラ：32名 （内2018年4月入社内定選手38名）
アスリート	種目	女子ラグビーと女子アイスホッケーを除き、個人種目 夏季：19競技、33種目、冬季：4競技、11種目、パラ：16競技、17種目
	男女別	男性アスリート：108名、女性アスリート：103名
	エントリー対象 アスリート	JOC強化指定選手（新卒の場合、競技団体のみ推薦でも可）
	オリパラ出場実績	【オリンピック】 ・リオ7名（男2名、女5名）…陸上、水泳／競泳、シンクロナイズドスイミング、カヌー、女子7人制ラグビー、新体操 ・ロンドン4名（男1名、女3名）…競泳、ビーチバレー、ライフル射撃、近代五種 ・ソチ15名（女15名）…女子アイスホッケー、スピードスケート、ショートトラック ・平昌21名（男2名、女19名）…女子アイスホッケー、スピードスケート、スキー／フリースタイルスキー 【パラリンピック】 ・リオ8名（男6名、女2名）…パワーリフティング、水泳、ローイング、アーチェリー ・ソチ2名（男2名）…スキー
企業	地域別 （採用企業本社）	首都圏115社、北海道5社、大分県9社、愛知県5社、岩手県1社、大阪府3社、兵庫県2社、長野県1社
	新卒比率	123/211名（58%）
	採用企業規模	上場企業47社（36%）
	雇用形態	正社員：契約社員　約6：4
	給与水準	同年代の社員に準ずる月額固定給
	競技活動費	競技活動費の選手負担分の一部または全額
	競技活動費の 選手負担	年間50万円～400万円程度
	勤務スケジュール	競技活動を優先（大会・合宿・練習を除き、週1～2回程度の勤務）
	配属部署	人事、総務、広報、営業、マーケティング等
	社名の使用	オリンピック、ワールドカップを除き、概ね可能
	選手肖像利用	ほぼ全ての媒体で可能
	引退後の雇用継続	選手との相談により、適宜判断（必ずしも雇用継続が前提ではない）

* 2018年3月12日時点での実績（2018年4月入社内定選手含む）
出所：2018年3月26日付JOC主催アスナビ企業説明会での説明内容、及び配布資料に基づき、筆者が作成

第 1 部　企業スポーツ

たことが、就職決定数を増やす結果につながったと考えられる。この文脈で以下の点を指摘できる。

1）　既に論じた通り、アスナビを通してアスリートを採用した企業、或は採用を検討する企業の多くは、企業スポーツ未経験企業である。

2）　2018 年 3 月 12 日時点での採用決定実績の内訳として、上場企業は 47 社（36%）であり、1000 名以下の従業員規模の会社が約半数である。

　以上のことからも、アスナビが、所謂大企業を中心とした従来型の企業スポーツとは異なるモデルとして、企業スポーツの在り方に新たな視点を提供していると考えられる。

　また、採用企業本社の立地は、141 社のうち 115 社（80% 強）が首都圏在であり、ナショナルトレーニングセンター、大学等の練習環境へのアクセス、コーチの所在地が影響していると考えられる。

3-3 採用について

1）　初めてアスリートを組織に組み入れる企業が多いことからも、採用決定は実質的にトップダウンの意思決定が鍵となる。2017 年 10 月に行われた日本社長会（NPO）、若手社長会（YPO）との共催によるオーナー系企業社長を対象とした説明会においても、夫々 28 名、59 名の参加があり、通常 1 回の説明会の就職決定が 1 ～ 2 名程度のところ、計 10 名以上が内定し、あらためてトップダウンの意思決定を引き出す重要性が確認された。

2）　JOC を介してオリンピック、パラリンピックを目指すトップアスリートへのアクセスが可能となること、及びある意味 JOC お墨付きのエントリー選手の中から選考できるという JOC ならではの機能と信用力を前提とした採用である。

3）　採用の狙いが、従来型企業スポーツと同様、一義的には社員の一体感醸成と士気高揚といった人事労務管理上の論点にあることから、採用後も会社全体でアスリートを応援する環境整備のため、引き続き人事部、職場のラインマネージャーや同僚、入社同期組を中心とした実務者が動き易いトップの理解が不可欠である。

4）　採用基準は、即戦力としてのビジネススキルは求められず、採用の狙いに沿った人間性、組織へのフィット感が重視される傾向にある（一般社員の

新卒一括採用基準に近い）。一方で、引退後に正社員として本業で活躍可能なポテンシャルにも重きを置く企業もある。

3-4 雇用条件について

1) 正社員または嘱託契約社員での雇用が基本であり、正社員と嘱託契約社員の比率は、約6：4である。JOCの説明は、引退後の雇用継続はその時点で別途相談としているが、寧ろ引退後のアスリートがセカンドキャリアとして、指導者やスポーツ界での活躍を望む可能性等への企業側の配慮と考えられ、本人が望めば、嘱託契約社員は正社員へ転換できる実質的な選択権を持っているに等しい。

2) 給与水準は、同年代の社員に準じる月額固定給である。

3) 競技活動費の企業負担は、競技種目特性と競技団体の財政力等により多様であるが、国の強化費以外、選手個人負担となる分について、JOCが競技団体、アスリート、企業と調整する。企業によっては、例えば栄養費など競技力強化に資する補助的な支援金や報奨金を一般社員との公平性に配慮しながら支給しているケースもある。

4) 勤務スケジュールが競技活動優先となることから、また競技種目により練習、試合のパターンが多様であり、出社日数が相当限定的となるため（特に冬季種目）、配属部署の選定、そこでの仕事の割り振りについても、配慮がされている。

5) 人事労務管理は、一般社員と同じ就業規則、或はそれに準じたアスナビアスリート用の就業規則に基づき、運用が行われており、一般社員と公平な運用を重視している。

4 アスナビが持続可能性の高い仕組みに進化するための課題と提言

　アスナビは、競技力強化とトップアスリートのキャリア問題からスポーツ界が企業スポーツにアプローチする取組みである。本項の検討にあたっては、アスナビの仕組みを横展開し、対象アスリートや対象企業を増やすことを通じて、マーケットを拡大していく発想があり、例えば、大企業への適用の追求、アス

第1部　企業スポーツ

リートに加え指導者・スタッフ・練習／試合施設等のインフラのリロケーションによる自治体も巻き込んだ地方企業への展開、既に立ち上がったアスナビネクスト（引退後の主にアスリートを対象）の強化等も考えられるが、これまで見てきたアスナビ発足と経緯、及びアスナビの特徴を踏まえた論点に絞る。

　アスナビは、従来型の企業スポーツと比べ、企業スポーツ経験のない規模の小さい企業でも、トップダウンの意思決定により、参入が容易に可能な仕組みと言えるが、これは裏を返せば、団体競技のように参加チームが協働で社会活動にあたるリーグ戦の体制や文化が無い個人種目競技であることも勘案すると、撤退も比較的容易であることを意味すると考えられる。こうした認識の下、ポスト2020東京オリパラを睨み、アスナビを将来に亘り持続可能性の高いシステムとして進化させるための課題と提言について論じる。

4-1 JOCのカスタマーサービス強化

　トップダウンで意思決定されたとしても、実際企業現場での人事労務管理上のルールや現役選手期間中の教育プログラムを検討するのは人事部署である。現役選手時代、競技活動最優先の勤務体系にならざるを得ない中、当初採用の狙いの具現化、他社員との公平性等に配慮しながら試行錯誤が続けられているのが実態と考えられる。現在でもアスナビアスリートの採用企業間の情報交換は随時行われているが、JOCが、より強いリーダーシップを発揮し、こうした企業人事部による横連携の動きを組織化、体系化するニーズが存在する。

　更に一歩踏み込めば、スポーツで培った能力がどのような形でビジネスの現場で転用できるのか、現役選手時代から多面的に見て育成してくれる職場のラインマネージャーの存在が、そのアスリートがビジネスパーソンになった時に伸びる下地になると思われる。ラインマネージャーへの働き掛けは、社内では企業トップ、人事部に拠るところが大きいが、JOCがそうした働き掛けに対して能動的に協力していく体制作りも望まれる。

4-2 JOCのアスリート教育プログラムの強化

　既にJOCのキャリアアカデミー事業として実施されている領域であるが、アスナビアスリートの採用前、採用後の夫々のフェーズにおいて、JOCとして、競技団体や企業と連携しながら、アスナビアスリート用教育プログラムの強化

が望まれる。採用前で言えば、企業説明会でエントリーしたアスリートのプレゼンテーションを企業人事部視点で聴くに、競技生活を通して得た貴重な体験や知見を言語化する能力、及びそれらを企業組織でどう発揮、貢献していくかのイメージ作りは、付け焼刃ではなく、かなり早くから意識し、準備しておかないと難しいと感じる。例えば、インターンシップの導入などは一策であろう。採用後で言えば、企業による現役選手期間中の教育プログラムの実践に相当ばらつきがあるので、JOC が、引退した先輩アスリートを講師として育成する等、アスナビアスリート用共通教育プログラムの策定、或はスポーツの外の世界に視野と人脈を広げるべく、アスリートによる社会貢献活動を推進する一般社団法人日本アスリート会議、一般社団法人アスリートネットワーク等外部組織との連携についても検討する価値があるのではないだろうか。

【注】
1) 本論では、企業スポーツを「企業において自社が保有するチームまたは選手を競技団体（協会）が開催・運営する全国または地域大会等に参加させるなど、対外的に競うことを目的とするスポーツ活動（いわゆる実業団・社会人競技と称される活動）（経済産業省、2001）」と定義する。
2) 澤井和彦（2001）「日本型企業スポーツの制度と制度移行の課題に関する研究」『スポーツ産業学研究』Vol.21、No.2、pp.263-273 を引用した。
3) 武藤泰明（2016）「企業スポーツのグランドデザイン」（公財）笹川スポーツ財団『企業スポーツの現状と展望』創文企画、p.171 を引用した。
4) デュアルキャリアは「トップアスリートとしてのアスリートライフ（パフォーマンスやトレーニング）に必要な環境を確保しながら、現役引退後のキャリアに必要な教育や職業訓練を受け、将来に備える考え方」と定義された。
5) 北川和徳（2016）日本経済新聞電子版「アスナビで雇用 100 人突破企業と選手の新たな関係」2016 年 5 月 13 日を引用した。
6) 筆者は本論を出筆した 2018 年 3 月時点で、三井物産株式会社人事総務部に勤務している。
7) 当該論文「人事労務管理から見た企業とアスリートの関係について〜アスナビをケースとした雇用に関する概念抽出を通して〜」は、早稲田大学所蔵修士学位論文テーマ一覧（2016 年度）修士 1 年制において参照できる。また、当該論文の再構成版は、筆者（2018）「人事労務管理から見た新しい企業スポーツモデル〜アスナビをケースとした雇用に関する概念抽出を通して〜」『スポーツ産業学研究』Vol.28、No.2、pp.189-205 において参照できる。
8) データ収集は、公開データ閲覧、及び関係者のインタビューにより行われた。インタビューに関しては、2016 年 9 月 28 日〜 11 月 11 日、アスナビアスリートを採用した企業 12 社の人事部長、並びに「平成 21 年度 JOC ゴールドプラン委員会スポーツ将来構想プロジェクト〜アスリートを取り巻く日本のスポーツ環境の実態〜中間報告書」を作成し、アスナビ発足に重要な役割を果たしたと考えられる荒木田裕子

第 1 部　企業スポーツ

氏（JOC 理事、2020 東京オリンピック・パラリンピック競技大会組織委員会理事）、
岡野貞彦氏（公益社団法人経済同友会常務理事）、原田尚幸氏（和光大学教授、経済
経営学部経営学科長）、更には当時 JOC キャリアアカデミー事業ディレクターの八
田茂氏に対し実施した。

9) データのアップデートのため、公開データの確認と共に、2018 年 1 月 17 日、JOC
キャリアアカデミー事業ディレクター、中村祐樹氏へのインタビューを行い、2018
年 3 月 26 日 JOC 主催アスナビ企業説明会の配布資料を参照した。

10) 前掲の 8) を参照。

11) 事業対象のアスリートは各競技団体から選ばれた約 900 人のエリートアスリートで
あった。

12) 誉ては、表示灯株式会社（名古屋市）の企業運動部として活動していたが、2005 年
より地元企業 5 社が中心となって NPO 法人愛知スポーツ倶楽部を設立し、2006 年
より名古屋フラーテルの活動を開始した。ヒアリング実施の 2009 年当時、企業 1 社
／ 1 名の雇用体制であった。

13) 前掲の 8) を参照。

14) 前掲の 8) を参照。

15) 前掲の 8) を参照。

2

スポーツ選手とセカンドキャリア、デュアルキャリア

佐野慎輔（産経新聞）

1 日本独特の企業応援

　そろいのＴシャツ、ジャンパー姿でバルーン・スティックを打ち鳴らす。息のあったパフォーマンスは、日本国内の競技大会では見慣れた光景である。もちろん企業名を掲げた横断幕は欠かせない。

　さすがに「クリーン・ベニュー」を標榜するオリンピックでは、最高位のTOP（The Olympic Partner）プログラム参加企業といえども、競技関連施設での自由な宣伝活動は許されていない。しかし、オリンピック以外の、世界各地で開催される国際大会では、これら企業を挙げた応援はもはや、「普通にみられる」景色だといっていいかもしれない。

　この普通の景色は日本独特のものである。欧米ではクラブが選手の所属主体であり、旧共産圏や中国などは選手は国家所属として位置づけられている。地域コミュニティーで選手を支援することはあったとしても、企業が選手を保有し、支援する形はみられない。

　従って、企業をあげて応援する光景は、たとえ国外の大会であったとしても、日本独自のスポーツ文化といえるものではないだろうか。応援をイベント化する企業も少なくなく、壮行会や報告会、パブリックビューイングは企業とは切り離せない日本独特のスポーツのありようである。

　こうした現実に触れるたび、改めて、企業がそれほどまでにスポーツ選手の応援に力をいれる理由を考えてしまう。全社あげた支援の意思表示は社会貢献なのか、それともイメージアップなのか。

23

第1部 企業スポーツ

一方、われわれは近い過去に、企業スポーツの衰退、企業のスポーツ支援からの撤退も目の当たりにしてきた。活動基盤を失った選手が支援を求めて東奔西走したり、あるいは活動停止したりすることもあった。ちょうどその頃、スポーツ選手のセカンドキャリアがクローズアップされるようになってきた。

いま少子高齢化が進み、企業にとって人材活用は成長戦略に関わってくる重要事項といっても過言ではあるまい。そこにスポーツ選手の活用はどんな意味を持つだろうか。

2020年東京オリンピック・パラリンピック開催を控え、企業によるスポーツ選手支援のありようが注目されている。スポーツで培った能力、経験等を広く社会に生かすことは大きな意味をもつ。スポーツ選手の「セカンドキャリア」、「デュアルキャリア」を単に個々の問題としてではなく、社会問題として捉えていく視点が必要であろう。

2　企業スポーツの目的を考えた

企業とスポーツの関わりはさまざまに語られる。目に見えるわかりやすい例をあげただけでも以下のような形態が考えられる。

1）　自らスポーツ（チーム）を保有する
2）　プロスポーツ（チーム）の共同出資者となる
3）　競技大会を主催、協賛する
　　　冠スポンサーを代表例とし、オリンピックスポンサーなども含まれる
4）　スポーツ組織、競技団体を支援する
　　　日本体育協会や日本オリンピック委員会、日本陸上競技連盟などの公式スポンサーである
5）　競技大会のテレビ、ラジオ中継をスポンサードする
6）　普及、ソリダリティー事業を実施、協賛する
7）　スポーツ用品、器具を開発、提供する
8）　マーチャンダイズ商品の開発、提供
9）　選手個々を保有、支援する

まだまだ形態は存在するだろうが、ざっと考えただけでも、これだけ例示できる。

では、企業はこうした関わりを通して、何を得ようとしているのか。スポーツを応援、支援する目的とはどこにあるのか。

競技大会を協賛したり、テレビ中継等のスポンサーになったり、商品の開発・提供だったりすることは直裁的でわかりやすい。自社の存在感を示し、自社製品宣伝のために、スポーツを取り込む手法であり、われわれはほぼ毎日、これらを目にすることができる。

では、1）の「スポーツを保有する」とはどういうことだろうか。

あるスポーツ、それは単一だったり複数だったりするが、クラブ、選手を会社として保有するわけだから、かかる負担は協賛や商品提供などと比べて極めて大きい。経済状況が悪化すれば、負担に耐えられなくなる企業も出てくる。かつて、スポーツ界が嘆息した企業のスポーツからの撤退、保有解除という事態も負担の大きさに耐えきれなかったことによる。極論すれば、スポーツクラブ、選手を保有する企業は常に費用対効果を意識しなければならない。

株主の意見が重視される昨今の風潮にあって、企業はそうしたリスクと常に隣り合っている。また、企業にとって、スポーツ保有からの撤退はイメージダウンにもつながる場合も少なくなく、保有そのものを躊躇するところもでてこよう。ただ、それでもスポーツを保有しようとする企業も少なくないのはいったい、どういう意味を持つのだろうか。

早稲田大学スポーツ科学学術院の武藤泰明教授は「コーポレート・コミュニケーション・ツール」と説く（『企業スポーツの現状と展望』笹川スポーツ財団編。以下は同書による）。企業におけるコミュニケーション活動の手段というわけである。

武藤教授は、企業がスポーツをもつ目的を3つ掲げている。

a.　ブランディング：企業や製品・サービスの広告効果を目的とする。

b.　組織活性化：従業員や取引先の一体感の醸成を目的とする。

c.　地域貢献：コーポレート・シチズンシップの実現を目的とする。

それぞれ対象は「カスタマー」、「インナー」、そして「コミュニティー」である。

スポーツはそれ自体がメディア性を有しており、オリンピックをはじめとする国際競技大会での選手の活躍が国民を勇気づけるといった価値を発信してく

第1部　企業スポーツ

れる。支援企業はそうしたスポーツの価値を、企業のいいイメージとして活用
できる利点を持つわけである。

　例えば、2018年平昌冬季オリンピックで日本は4つの金メダルを獲得した。
フィギュアスケート男子シングルの羽生結弦、スピードスケート女子500mの
小平奈緒、同マススタートの高木奈那、さらに同チームパシュート（高木美帆、
奈那、佐藤綾子、菊池彩香）である。彼、彼女らの笑顔、金メダルとともに所
属するANA（全日本空輸）や長野・相沢病院、日本電装サンキョーなど企業
にとって、いいイメージが日本国中に伝わったことはいうまでもない。

　とりわけ、失礼ながら長野県のいち医療法人に過ぎない相沢病院は、小平の
サポートでその名を全国に知られることとなった。いや医療法人としては、知
られる事が目的ではなく、あくまでも長野県出身で信州大に学び、同大学の結
城匡啓教授に師事してスケートに打ち込む小平選手の活動を、地元から支えて
きたに過ぎない。地方の医療法人にとって、国際的に、あるいは全国的に名を
知られる必要はなく、純粋な支援の結果であった。

　これを武藤理論にあてはめれば、cの地域貢献にあたる。地元選手を応援す
ることにより、地域の活性化に寄与したわけである。

　ちなみに羽生選手とANAは、aのブランディングにあたり、高木奈那選手
の日本電産サンキョーは、bの組織活性化にあてはまるといえよう。

　aのANAと羽生は極めてわかりやすい例である。bの「日本電産サンキョー」
は、もともと精密機械メーカーとして知られた三協精機が2003年に日本電産
傘下に入り、05年現在の名称に社名変更した会社である。三協精機時代から
創業者である山田正彦（1914〜91年、元日本スケート連盟会長）がスピード
スケート支援に力を入れ、オリンピックでも活躍した長久保文雄・初枝、石幡
忠雄、宮部行範、清水宏保、加藤条治ら名選手を多数輩出した名門企業である。
新社となった以降もスピードスケート支援を続けてきたのは、長い歴史を誇る
コーポレートアイデンティティーの継承と、新会社としての一体感の創出が第
一に考えられたことはいうまでもない。

3　企業と選手のあり方

　企業スポーツは歴史的にみれば「社員の福利厚生」「社内の一体感の醸成」

2　スポーツ選手とセカンドキャリア、デュアルキャリア

から「士気の高揚」を経て、企業内の職場間対抗、さらに企業間対抗への流れに至る。企業間対抗への仕組みができあがると、より高い競技性を求めて、選手の雇用形態に変化が生まれていく。正社員としての所属から契約による嘱託雇用への広がり、やがて肖像権をたてにしたプロフェッショナル化へと続く流れである。

　従来は一般社員として入社、社員としての立場が守られ、やがて現役を引退しても企業内に留まり、企業人として生きていくのがほとんどであった。この場合、セカンドキャリアはあまり問題にならなかった。

　一方、競技レベルが向上するにつれ、選手は自由に活動ができ、よりよい待遇を求めて別の雇用形態が生まれた。それが嘱託契約であり、プロとしての契約である。彼等は契約金、あるいは報酬等で、一般社員とは異なる待遇をうけることができ、肖像権を自己で管理し、それによって資金を稼ぎ、自己の選手活動強化にあてるわけである。

　こうした契約はプロリーグを持つ野球やサッカーのほか、バスケットボールやバレーボールなどでもみられるようになった。彼等は企業の束縛から自由になる半面、競技引退後も所属企業が面倒を見てくれる保証がなくなり、いわゆるセカンドキャリアを模索しなければならなくなる。

　また、企業の側でも社員としての契約のほか、嘱託社員契約、プロ契約などさまざまな形態をとるところもある。

　トヨタ自動車は自動車業界最大手として知られ、企業価値を評価する基準の時価総額日本一を誇る大企業である。もちろんグローバル企業として高い評価を得ているほか、前述した IOC と TOP 企業契約（2015 ～ 24 年）を交わすなど、スポーツ界にも大きな存在感をもっている。

　そのトヨタ自動車を例に取ると、スポーツ関係部は 1941 年創設のラグビー部、47 年創設の硬式野球部など日本のトップレベルにある 8 部を「重点強化部」に指定、37 年創部の陸上部など 28 の「一般部」と並立して存在している。

　前者では外国人選手を含む有望選手を獲得し、専用練習場や強化スタッフなどの支援条件を整えたうえ、就業時間中の練習活動を容認するなど、積極的な強化策が取り入れられている。選手たちの大半は嘱託契約である。

　一方、「一般部」は従来通りに社業との両立のもと、活動も就業時間外に限るなど、強化よりも福利厚生、社内融和の姿勢を崩していない。

27

第1部　企業スポーツ

　同社では1974年に豊田市に陸上競技場から野球、ラグビー、サッカー、ソフトボールなどの競技場、体育館などを擁したトヨタスポーツセンターを完成。毎年この施設で3万人規模の社内スポーツ大会を行っている。ここで活躍するのは「一般部」だが、「重点強化部」の選手たちも、社内行事に参加する仕組みになっているという。

　同社のスポーツ部門を所管する廣田利幸・人事部担当部長によれば、「できる限り社員と選手との接点をつくり、『おらがチーム』としての意識を高めるために配慮している」という。従来、嘱託選手は練習に専念できるよう、配属職場を決めていなかったが、近年は、職場を決めて配属しているのは、いうまでもなく「社員と選手との接点」をより多く持つための方策である。廣田氏は、これによって「双方の意識に好ましい影響が生まれることを期待している」とする。

　その廣田氏はトヨタ自動車におけるセカンドキャリアについて、こう述べている。

　「現役引退後は正社員として、会社に残って活躍する選手が多い。そのため、現役引退後、スムーズに社業に戻れるよう、一般社員と同様の研修を受講させるなどのサポートを実施している」

　また、競技のなかでセカンドキャリアを歩む選手や郷里に戻りたいと希望する選手については、競技団体への派遣や高校・大学コーチ、社内トレーナーや全国のトヨタ販売店網での活躍などを模索していくとしている。グループに多くの企業を有するトヨタ自動車ならではの取り組みといっていい。

　（以上、トヨタ自動車の項は『企業スポーツの現状と展望』笹川スポーツ財団編、創文企画参照）

　企業と選手のあり方について、もう一つの好例を挙げておこう。2018年平昌冬季パラリンピック、ノルディックスキー距離男子10kmクラシカル立位で金メダル、同スプリント・クラシカルで銀メダル、2個のメダルに輝いた新田佳浩選手と所属する日立ソリューションズとの話である。

　日立グループの情報通信事業部門の中核である日立ソリューションズの前身、日立システムアンドサービスに障害者スキーチームが創設されたのは2004年。日本における初の実業団障害者スキーチームの設立だった。

　おりからバブル崩壊で企業スポーツの廃部が続いた時期。なぜスポーツクラ

28

2　スポーツ選手とセカンドキャリア、デュアルキャリア

ブを保有、しかも、障害者スポーツが人々の話題にも上らない時期に、なぜクラブ創設だったのか。

関係者によれば、「偶然の産物だ」という。たまたま2004年の春、同社幹部と長野新幹線で乗り合わせた人物が共通の知人の結婚式に出席した縁で話が弾み、その人物が熱く語る障害者スポーツの厳しい現状、支援の必要性にいたく共感。会社統合による一体感を求めていた現実と合致したのが発端である。

その年11月、障害者スキーチームが誕生し、監督に就任したのが、平昌パラリンピック総監督を務めた荒井秀樹・現日立ソリューションズ監督。いうまでもなく、新幹線で熱く障害者スポーツ支援を語った人物である。

当時、荒井監督は50歳、東京都江東区職員のかたわら、障害者にスキーを指導し、選手集めから資金調達まで東奔西走していた。

新設チームの責任者となった荒井監督は、同時に日立システムアンドサービスの管理部門の仕事に携わる。選手をどう処遇するのか、職場環境をどのようにしていけばいいのか。手探りの仕事であった。

10人ほどの社員選手はシーズンが始まると練習、合宿や試合などで社にいることはほとんどない。しかし、試合や合宿練習がないオフシーズンには、彼らもまた社内業務に従事する。管理や営業サポートなど事務系の仕事を中心に、バリアフリー化など職場環境の改善にも関わる。

仕事は周囲の社員に教えを請い、しかも障害者というハンディもある。しかし、部門長でもある荒井監督は自ら造りあげた「アスリートのキャリア創造システム」に例外を認めない。金メダリストの新田佳浩選手といえども特別扱いはなく、オフはマーケティング戦略部に勤務し、同社のマーケティング戦略の一翼を担う。

「一緒に働ける仲間がいることがほんとうに楽しいし、うれしい」

新田選手は3歳のとき、祖父が運転する農業機械に巻き込まれ、左の肘の先から切断してしまった。父に勧められ、翌年から1本ストックでスキーに挑戦、全国大会にまで出場するようになった。そして中学2年、荒井監督に見いだされて才能が開花し、17歳で1998年長野に初出場。以来、平昌で6大会連続、冬季パラリンピックに出場した。

その間、筑波大学を卒業し、2006年に日立ソリューションズに入社。以来、社員と日本代表スキー選手を両立してきた。日本選手団主将を務めた2010年

29

第 1 部　企業スポーツ

バンクーバー大会では 10km クラシカルと立位と 1km スプリントで金メダル
を獲得。14 年ソチ大会ではメダルには届かなかったが、今回、平昌大会で見
事に雪辱を果たした。

「いま一度、鍛え直せば世界のトップと戦う自信はある」と練習に打ち込むこ
とができたのは、「安定した職場と周囲の理解があったから」と公言して憚ら
ない。

　新田だけではない。バンクーバー大会クロスカントリースキー銅メダリスト
の太田渉子さんは引退後、人事総務本部に勤務する。同社ではソチと平昌に出
場したバイアスロンとクロスカントリーの阿部友里香選手のような大学在学中
の選手も支援しており、卒業後、彼女が望めば社員として迎え入れる準備もで
きている。

　選手も業務に携われば、一般社員との間に仲間意識が生まれる。社員の間に
競技や障害への理解も進む。2005 年設立のチーム後援会はグループ社員も含
めて 4300 人規模、それがこの文章冒頭の応援風景と重なる。

「選手の活躍は感動の共有を通して、社内に一体感を生む。選手の帰属意識の
高まりは生産性向上にもつながる」

　荒井監督は、それが同社の幹部、社員の共通認識だという。同社の取り組み
は障害者スポーツ支援を含め、今後のスポーツ界のセカンドキャリア導入のモ
デルとなるだろう。

　2020 年東京オリンピック・パラリンピックを機に、こうした取り組みを始
めた企業は少なくない。一方で、まだ浸透は浅く、これが一過性では終わらな
い保障もない。企業にとって、選手を雇用し続けることは単に企業イメージを
高めるだけではなく、社会問題として捉えていかなければならない。いまや、
そんな時期なのである。

4　トップ選手の挑戦〜北島康介を例に

　オリンピックなど国際舞台で活躍した選手たちが、自らの競技キャリアを引
っ提げてプロ化していく例も最近、増えている。その先鞭を切ったのが競泳の
オリンピック金メダリスト、北島康介さんにほかならない。

　北島さんはいうまでもなく、2004 年アテネ大会、08 年北京大会で 100m、

200m 平泳ぎに 2 大会連続制覇した日本最高のスイマーである。

その北島さんが日本体育大卒業後、選んだ道は日本初のプロスイマーである。アテネ大会翌年の 2005 年、日本コカ・コーラと所属契約を締結。CM 出演やイベント参加などで収入の道を確保し、合宿費や遠征費などにあてて競技に集中してきた。

日本でプロといえば、野球やサッカーにバスケットボール、さらにゴルフ、テニスなど「見る」ことが古くから定着していたスポーツが大半だった。陸上競技や体操、競泳などのオリンピック主要競技は、永らくプロとはなじまないとみなされてきた。オリンピック参加の条件として「アマチュア」が明文化され、陸上、水泳などは"アマチュアスポーツの総本山"のように思われてきた影響だろう。そうした観念を打破したのが、女子マラソンの有森裕子さんであり、男子陸上短距離の為末大さん、そして、北島さんだった。

名前をあげた 3 人とも自ら会社を設立。自身のマネジメント業務に限らず、イベントの企画・立案や運営などスポーツの普及にも携わる。プロ・スポーツ選手が設立した会社の多くが節税対策に重きをおくなか、彼らの活動は新たな潮流としても興味深い。

北島さんは現役選手である 2009 年にマネジメント会社、「IMPRINT（インプリント）」を設立。自らのマネジメントを行うとともに、活動の幅を広げてきた。同じ年にはスイミングスクール「KITAJIMAQATICS」を創設、都内のスポーツクラブやプールを拠点として、「きれいに泳ぐ」を理想に掲げて各年齢層を対象に水泳指導をしている。さらに現役引退後の 2015 年には、米国でリハビリ、パフォーマンス向上に実績を持つ「Perform Better」の日本法人「Perform Better Japan」を設立、新たな取り組みも始めた。

そんな北島さんが、マネジメントで支援する大物が、2016 年リオデジャネイロ・オリンピック競泳 400m 個人メドレーの金メダリスト、萩野公介選手である。

萩野選手は東洋大を卒業した 2017 年春にタイヤメーカー最大手のブリヂストンと所属契約を結び、TOP 企業でもある同社初の専属プロスポーツ選手となった。同社とは複数年契約で、世界新記録達成時のボーナス支給を含めて年間 1 億円に及ぶ条件とされる。

アマチュア時代も金メダルの報奨金など、成績に応じた報酬は得ていたが、

第1部　企業スポーツ

現在は練習こそ東洋大を基点に平井伯昌コーチの指導をうけているものの、そ
れ以外は自己責任で行動している。肖像権を活用し、自らの商品価値を高めな
がらCM契約やメディア露出を模索する。そのサポートを行うのが、北島さ
んが代表取締役を務めるインプリント社。代理人としてブリヂストンなどの企
業に出向いて交渉にあたったのが北島さんであった。

　萩野選手の新たなチャレンジは、経営者、北島さんにとっても飛躍のステッ
プとなるだろう。

　2017年はまた、リオデジャネイロ・オリンピックのメダリストが相次いで
プロ転向を宣言した。体操の内村航平、陸上短距離のケンブリッジ飛鳥両選手
である。内村選手は所属していたコナミを退社、2016年12月、スポーツ用品
メーカー大手のアシックスとアドバイザリー契約を結んだ。同社製のユニホー
ムを着用するほか、スポーツ用品開発などにも携わる。「美しい体操」を心が
ける内村選手の目標は北島さんである。「きれいな泳ぎ」と共通するものがあ
るように思う。

　最近、その内村選手が登場するCMもテレビで目立つようになってきた。

　世界的にみても、競技のみで生活する選手はごく一部。大半は自らをマネジ
メント、キャリアを報酬に換えている。日本は企業がその部分を支援してきた。
しかし、安定は得られるものの、活動の範囲も限られる。北島さんらの取り組
みは、今後のスポーツ選手のセカンドキャリアのあり方としてもっと注目され
ていい。

5　閑話休題─プロ野球の取り組み

　プロスポーツのセカンドキャリアはどうなっているのか。高い契約金をもら
ってプロ野球に入団、レギュラーポジションを獲得して高い年俸を得る。現役
引退後は監督やコーチなど指導者になったり、評論家として新聞、テレビなど
で活躍したり…でも、そんな選手は決して多くはない。高校時代、甲子園球場
で活躍し、華やかなプロの世界に飛び込んだものの、鳴かず飛ばずに終わり、
若くしてプロ野球の世界を去っていく人は少なくないのが現実である。

　2017年オフ、日本野球機構（NPB）の現役を引退した選手は139人。育成
選手も含めて新たに114人が加わったため、必然的にユニホームを脱がなく

てはならない。

　これらの選手のうち、ロッテ・マリーンズの井口資仁選手はロッテの監督に就任、読売巨人軍の片岡治大選手は巨人の二軍コーチ。彼らのような指導者の道を歩む人のほか、スコアラーや球団職員などになる人もいる。

　しかし、それらの数は一握り。空席がなければ補充はされない。大リーグでも活躍した福岡ソフトバンク・ホークスにいた松坂大輔選手は中日ドラゴンズと契約したが、巨人の4番打者、セ・リーグ本塁打王にも輝いたことある村田修一選手はNPBで獲得に名乗りをあげる球団はなく、結局、プロとはいえ格が下のBCリーグ、栃木ゴールデンブレーブスに行く道を選んだ。最高3億円だった年俸は250万円となった。

　NPBでは再生の場としてトライアウトという制度を設け、契約を解除された選手たちが他球団が戦力として使えるか、見極める場を設けている。2017年オフは139選手のうち51人が受験したものの、結局、「合格」できたのはわずか2人。残りはプロ野球選手であることを諦めねばならなかった。結果的に、トライアウトは「プロであることを最終的に断念する場」になって久しい。

　多くの選手たちは「第二の人生の道」を探さなければならない。ロッテの田中英佑投手はプロ生活3年でユニホームを脱ぎ、三井物産に入社が決まった。彼は京都大からプロ入りした異色の選手、実は3年前に三井物産から内定をもらい、「プロ野球をあきらめたら、戻ってこい」といわれていた。京都大という学力が身を助けた例である。2017年には東京大から宮台康平投手が日本ハム入りした。彼は法学部出身で司法試験をめざすと話していた時期もあったが、プロでやっていけないと判断したら、どんな道を歩むだろうか。

　NPBでは過去11年にわたり、秋の「みやざきフェニックスリーグ」に参加する若い選手を対象に、将来に対するアンケートを実施している。2017年は12球団235選手が回答を寄せた。彼らは平均年齢23.3歳（18〜33歳）で、平均在籍年数は5.7歳。平均年俸836万円は、同年代の若者のなかでは恵まれてはいる。80％が独身で、既婚は20％。転職はしやすい環境である。

　そのアンケートの結果として、

1. 引退後に不安を感じている　全体の64％

2. 不安の内訳は進路と収入で合計　87％

3. 引退後の希望進路（「やってみたい」と「興味がある」の合計％。複数

第1部　企業スポーツ

回答可。）

1位　資格回復し高校野球指導者　63％

2位　一般企業の会社員　　　　57％

3位　大学・社会人の野球指導者　56％

4位　社会人・クラブチーム現役　54％

5位　プロ野球の指導者　　　　53％

「高校野球指導者」は11年連続1位で、「一般企業の会社員」は昨年に続く2位。安定を求める傾向にある。一方、プロ野球OBといえば飲食店に転身するケースが多いと思われるが、志向する選手は意外に少ない。

また「引退後の不安」として、不安があるは150人（64％）で、不安はない85人（36％）を大きくうわまわった。複数回答で求めた「不安要素」としては、1. 収入98人（44％）、2. 進路96人（43％）、3. やりがいの喪失16人（7％）、4. 世間体14人（6％）となっている。

野球選手になりたいと思って子どもの頃から活動してきた人が多く、野球以外の選択肢が考えられないのが現実だろう。11年連続して「高校野球指導者」が将来の進路の1位にあげられたのは、自分にとって人生で最も輝いていた瞬間、その場所に戻りたいという意識の表れかも知れない。だが、アンケートを進めていくと、高校や大学で教えるために必要な「資格回復」についてわかっていない選手が多かった。

この資格回復は、かつてアマチュア野球界とプロ球界が交流を拒んでいた時代からの名残にほかならない。最近は随分と緩和され、プロ球界が1日とアマ球界が2日、それぞれが実施する研修をうけて、資格審査を通って指導者登録をすればアマチュア野球を指導することができる。ところが、手続きの方法まで仕組みをわかっているものは全体の10％に満たない。

日本プロ野球選手会ではこれを是正しようと、さまざまな活動を始めている。また、2017年、國學院大と提携し、教員指導者をめざす選手を対象に同大学が入学金と4年間の学資を提供する奨学制度を設けた。選手会ではこの制度の広がりを期待している。

プロ野球界より進んでいるといえるのがプロサッカーのJリーグである。Jリーグでは2002年にキャリアサポートセンターを設け、選手のセカンドキャリア支援を始めた。この仕組みは役目を終え、13年からJリーグの管理統括

企画部で人材教育やキャリアデザイン、トップチームからアカデミーの養成選手までのキャリアデザインを支援、研修を行うなど就労支援を行っている。

Jリーグがこうした制度に早くから着手したのは、プロ野球に比べて引退年齢が低く、年収もはるかに及ばないことから切実な問題として捉えているためだ。また、プロボクシングの日本ボクシングコミッションではキャリアサポートの一環として警視庁警察官・職員採用説明会を開催したほか、Iターン就農制度なども紹介している。

プロ野球では、いまだに独立採算では黒字球団は少なく、親会社の支援に頼っている。逆に親会社の存在の大きさもあって、のんびり構えてきたといってもいい。しかし今後は、少子化のおり、より魅力をアピールするためにもセカンドキャリアの充実は避けて通れまい。

6 デュアルキャリア支援

JOCがセカンドキャリアのプロジェクトを発足したのは2004年。08年にJOCキャリアアカデミー事業を始め、アスリートやコーチの就労を支援する「アスナビ」制度を創設した。研修を行い、就職したい選手、指導者と制度に参画している企業とを結びつけるシステムである。これによって多くの選手が恩恵をうけてきた。

ただし、この制度はひとつ間違えれば、就職先の幹旋という形に特化されていきかねない。企業側からみれば、スポーツ一筋にきた選手が企業に入って場合、仕事に適応できるかという不安も大きい。一方、選手側は、先のプロ野球のアンケートでも表れているとおり、将来のキャリアに対して漠然とした不安を抱いている。

スポーツ選手の大半は、幼少期から人並みはずれた運動能力に恵まれ、周囲とは違うという意識で育てられてきた。俗に言う「スポーツエリート」としての意識である。

その意識が上手に働いて、競技における才能を開花させていくと、高校、大学へは試験をうけずに推薦という形で進学。さらにトップ選手、プロスポーツ選手として活躍することになる。しかし、彼らは一方で、「普通の人」のような進学準備や就職活動などを経験しないまま、大人になっていく。ある面では

第1部　企業スポーツ

社会規範における「常識」の欠如があり、それが時として禁じられている賭博行為であるとか、反社会的勢力とのつきあいで世の中を騒がせることに発展しかねない。もちろん、これは極端な例で、大半の選手は常識の範囲を逸脱することはありえない。

　ただ、現役時代に競技に集中し、プロ選手としての特別な意識を持ち続けていると、現役を引退する時期に、社会的なスキルを身につけていないことに焦る事態が起こり得る。

　選手たちの社会的なスキルをいかに身につけさせるか。それは長くスポーツ界の課題となってきた。

　ようやく国がこうした問題に本腰をいれて検討し始めたのは、2011年に制定された「スポーツ基本法」に基づき、翌12年3月に策定された「第1期スポーツ基本計画」以降である。基本計画のなかに「デュアルキャリア」という言葉が登場、初めてデュアルキャリア支援策の推進が盛り込まれた。

　デュアルとは「二重」という意味であり、デュアルキャリアとは選手が「競技者」としての人生と、引退した後の「もうひとつ」の人生を平行して歩む「二重性」を表す概念だとされる。

　デュアルキャリアでは、競技生活の晩年や引退後ではなく、選手生活を歩み始めたときからキャリア形成を進め、引退まで計画的にキャリア教育をしている。そうすれば、選手は引退が重くのしかかってきたときに焦らないで済む。これまで学び、身につけてきたスキルを用いて「もうひとつ」の人生を不安なく歩んでいけるというわけである。

　もちろん、それほど順風満帆というわけにはいかないだろうが、少なくとも単なる職業の斡旋とは別のものだといっていい。

　2015年10月、文部科学省の外局としてスポーツ政策の統括機関、スポーツ庁が誕生した。このスポーツ庁が2017年2月、「スポーツキャリアサポートコンソーシアム」を創設し、デュアルキャリア支援の具体化をスタートさせた。スポーツをはじめ、教育、経済など各界との連携により、情報や人材、ノウハウ、ネットワークなどの「資源」を共有し、これらを有効的に活用することによってキャリア支援を進めていく仕組みである。

　日本スポーツ振興センター（JSC）ではスポーツ庁の委託をうけて、デュアルキャリア教育プログラムなどの開発も始めた。JSCによれば、デュアルキャ

リア期間は競技によって差はあるものの、平均約17年とされる。プログラム
では、その始まりの時期に競技における目標設定とともに、セカンドキャリア
での目標もたてさせる。そして、目標実現のためにどのようなキャリアが必要
か、例えば医学部とか獣医学部とか専門性の高いものも含めて、大学のどの学
部に進むかなど、具体的な計画をたてる。これに修正を加えながら実現に向け
て支援していくわけである。

　元シンクロナイズドスイミングのオリンピック銅メダリストで心理学者の田
中ウルヴェ京さんは、「アスリートキャリア形成のためには四つの柱」が必要
だと説く。パフォーマンスの向上、教育、社会性の発達、自己開発である。言
い換えれば、トレーニング、学校教育、ビジネススキルの提供、自分のライフ
プランニングの構築となる。

　アメリカやオーストラリアなどプロリーグもあり、スポーツが盛んな国々で
はすでに1970年代からキャリア支援活動が行われており、日本は遅れていた。
早く、追いつき、追い越せと叫ばれている。

　また、国際オリンピック委員会（IOC）も「アスリートキャリアプログラム」
と呼ばれる制度を設けており、2005年からAdeccoグループと組んで選手の
引退後の就労支援プロジェクトに乗り出している。プロジェクトにはIOCア
スリート委員会が参画し、デュアルキャリア支援、現役オリンピアンへのキャ
リア教育を啓発している。すでに全世界で2万8000人の選手が研修をうけて、
自らの知見を生かす職業を選択したり、学校に戻り学業生活を始めたりしてい
る。

　こうした制度はまわりまわって、スポーツの振興、価値の高揚に貢献する。
選手はキャリア支援をうけることで安心して競技に打ち込むことができ、競技
力が向上する。向上した競技力によって競技が奮い、結果的に価値の高まりを
生む。価値が高まることによって、スポーツ振興にむすびつく。そうした好循
環になっていけば、スポーツに参画する人材、企業が増えていき、多様化した
キャリアへの道も広がっていくのである。

7　がんばれ選手たち

　選手、とりわけエリート選手はもともと突破力が高く、作戦を立て、遂行す

第1部　企業スポーツ

る能力、優れた判断力をもっている。勝つための精度を練り上げる工夫と発想、企画力をもち、チームゲームではチームのなかで役割を考えて働く力も有している。

ひとつの競技を長く続けなければ大きな成果は得られないことから精神力に優れ、先輩後輩の関係係や規律ある生活から生まれる挨拶や礼儀、言葉遣いなども大きな持ち味だ。そして、スポーツは勝ちに向かって進むものであり、勝負強さはエリート選手であればあるほど身につけていよう。

これらを勘案すると、スポーツ選手というのは優れた職業人になり得る素質をもった人たちだとみることができよう。

こうした選手たちを国家レベルで支援する制度が確立していけば、社会に大きな貢献を果す存在として期待される。もちろん、それ以前にスポーツ選手は、働き手として大きな可能性を秘めた集団だと断言してよい。

従って、「セカンドキャリア問題」とは単なる職業幹旋の問題として片付けるのではなく、より大きな社会問題として捉えていくべきである。今後、スポーツ庁の「スポーツキャリアサポートコンソーシアム」が有効に機能することはいうまでもないが、企業が独自に社内教育を充実させていくことも求められている。

2020年東京オリンピック・パラリンピックを控え、企業のスポーツへの関心は極めて高い。この機に乗じて、キャリアサポート体制が確立できれば、極めて素晴らしい「東京のレガシー」となるに違いない。

【参考文献】
・ 笹川スポーツ財団編（2016）『企業スポーツの現状と展望』創文企画
・ 笹川スポーツ財団編『スポーツ白書 2017』
・ スポーツ庁　ホームページ
・ 日本スポーツ振興センター　ホームページ

3

企業スポーツの選手移籍制度に対する法的規制
―アスリート人材としての労働実態から―

松本泰介（早稲田大学）

1 はじめに

2017年8月、公正取引委員会競争政策研究センターは、「人材と競争政策に関する検討会」を設置し、「フリーランス」など働き方が多様になる中で、スポーツ選手、芸能人を含む、人材の獲得をめぐる競争に独占禁止法が適用されるかが検討された。

2018年2月に公開された報告書[1]によれば、人材獲得市場においても、複数のクラブチームが共同して選手の移籍を制限する行為などが独占禁止法の対象になるものとして指摘され、企業スポーツであるジャパンラグビートップリーグが定める選手の移籍制限がその対象としてヒアリングされたとの報道もあった。これに伴い、改めて企業スポーツにおける移籍制度の法的合理性が問われている。

企業スポーツの移籍制度に関する法的観点からの研究はいくつか見られるものの[2]、これらの先行文献は初出から既に15年以上の時間が経過しており、またこの間に企業スポーツを取り巻く環境も大きく変わってきている。また、従前の研究は、労働実態の把握に関してアスリート人材（ここでは企業からスポーツの試合での運動能力、結果を期待される人材としておく）とスポーツ活動以外の業務を行う一般人材の双方の側面を分けず、外形的な契約形態をベースに考察を行っていたものの、企業スポーツの移籍制度はあくまでアスリート人材として獲得市場を対象とすることから、特にアスリート人材に限定した労働実態を踏まえた整理が必要である。

39

第1部　企業スポーツ

　企業スポーツにおける移籍制限に関する法的合理性は、古くから存在する法的論点の1つであるが、今回このような検討会で改めてスポットライトが当たったため、本稿において改めて整理してみたい。

2　企業スポーツの移籍規定の実例

　まず、企業スポーツの移籍規定が、本稿執筆時である平成30年3月31日現在、どのような内容になっているか、概観してみよう。

2-1　契約以上の移籍を制限していない企業スポーツ

　まず、選手の移籍に関して、もう契約以上の移籍を制限していないタイプがある。

　この代表例であるサッカーは、日本サッカー協会が定めるサッカー選手の登録と移籍等に関する規則[3]にて、アマチュア選手[4]とプロ選手[5]で取扱いをわけており、アマチュア選手が移籍する場合は自由な移籍を義務付け[6]、プロ選手がプロ選手として移籍する場合については契約上の法的拘束力を前提とした移籍制度[7]となっている。この規程がサッカー界における根本的な発想となっており、日本女子サッカーリーグ（なでしこリーグ）、日本フットサル連盟日本フットサルリーグ（Fリーグ）[8]、日本プロサッカーリーグ（Jリーグ）[9]に共通した移籍規定となっている。

　また、これに追随する形として、バスケットボール界も大きな移籍制度の変更を行っており、日本バスケットボール協会（JBA）基本規程[10]、Bリーグ規約[11]（B3規約を含む）、日本社会人バスケットボール連盟基本規程[12]などにおいて、登録Ⅰ種[13]と登録Ⅱ種[14]取扱いを分け、サッカー界とほぼ同様の移籍規定となっている。女子バスケットボールのWリーグも、JBA基本規程の定めに基づき、2018年3月1日、従前の移籍制限規定を撤廃し、登録年度終了後、選手が移籍の意思を示した場合、移籍できることが可能になった[15]。

2-2　契約を超えて一定期間の試合出場を制限する企業スポーツ

　続いて、選手の移籍に関して、契約を超えて一定期間の試合出場を制限するタイプがある[16]。

40

3　企業スポーツの選手移籍制度に対する法的規制

　日本バレーボールリーグ機構（Ｖリーグ）は、Ｖリーグ機構規約[17]、Ｖリーグ機構登録規約[18]、Ｖリーグ間の移籍手続きに関する規程[19]において、そもそも原則として移籍元チームを退団してから1年間経過して初めて試合に出場できると定められており[20]、例外は、移籍希望選手を除き、移籍元チーム、移籍先チーム、選手本人の同意書があって初めて試合出場が可能になっている[21]。日本女子ソフトボールリーグ機構にも同様の定めがある[22]。

　なお、ジャパンラグビートップリーグは、その規約[23]において、移籍選手について、前所属チームからの選手移籍承諾書が発効されている選手を除き、原則として1年間の試合出場禁止を定めていたものの[24]、2018年2月19日、これを撤廃すると発表したと報道されている[25]。

2-3　契約を超えて移籍元チームの承認を求める企業スポーツ

　また、前述のような試合出場を禁止するまでではないものの、選手の移籍に関して、契約を超えて移籍元チームの承認を求めるタイプもある。

　日本ハンドボールリーグ機構（JHL）は、日本ハンドボールリーグ移籍規程を定めており、「移籍」する場合には「移籍証明書」が必要であり、これには移籍元チーム及び移籍先チームの承諾が必要であるとされる。日本野球連盟[26]、アジアリーグアイスホッケー[27]、日本社会人アメリカンフットボールリーグ（Ｘリーグ）[28]にも同種の規程がある。

　個人スポーツでは、陸上の企業スポーツを統括する日本実業団陸上競技連合が定める登録規程[29]によれば、「労働契約が満了し、使用者側から契約更改の申し出がなく退職した場合」は除くものの、「労働契約の継続中、または労働契約満了時に使用者側から契約更改の申し出があったにも関わらず労働者側がこれを拒んだ場合」については、移籍元チームの退部証明書が必要とされている。

3　企業スポーツの移籍規定をめぐる現状

　アスリート人材として引き抜き防止、戦力均衡の観点などからこのような移籍制限規定が定められている企業スポーツにおいても、既に規定ができてから相当な時間が経過し、当初の一般人材としての労働からアスリート人材として

第1部　企業スポーツ

の労働へと労働実態が大きく異なってきていることも事実である。具体的な契約法、労働法や独占禁止法の適否を考える場合、このような大きく変容している労働実態を踏まえながら整理する必要がある。

　また、このような移籍規定について、従前はスポーツ団体がその意思決定手続さえ履践すれば大きなトラブルが生じなかったが、昨今、スポーツ界の意思決定に関しても、ステークホルダーの意思を尊重するスポーツガバナンスの要請や、その法的正統性（Legitimacy）の要請から、特に移籍制度に関しては選手との誠実な協議を前提にする必要も生まれている。前述の検討会報告書においても、「労働法制により規律されている分野については、行為主体が使用者であるか労働者・労働者団体であるかにかかわらず、原則として、独占禁止法上の問題とはならないと解することが適当と考えられる。例えば、労働組合と使用者の間の集団的労働関係における労働組合法に基づく労働組合の行為がこのような場合に当たる。使用者の行為についても同様であり、労働組合法に基づく労働組合の行為に対する同法に基づく集団的労働関係法上の使用者の行為も、原則として独占禁止法上の問題とはならないと解される」と記載されているとおり、独占禁止法が適用されない余地もあるため、選手との誠実な協議の現状も踏まえる必要がある。

　そこで、このようなアスリート人材としての労働実態や移籍制度に関する選手との協議状況など、企業スポーツの移籍規定をめぐる現状を整理する。

3-1　アスリート人材としての労働実態の現状

　新、中村、笹川スポーツ財団が 2015 年に行った「企業スポーツに関する調査」[30] では、企業スポーツ選手の雇用形態は、「正規社員」72.8%、「嘱託社員・契約社員」22.5%、「プロ契約」4.0%、「その他」0.7% とされる。そして、この正規社員のスポーツ活動以外の業務（以下「一般業務」という）に従事する 1日あたりの時間については、シーズン中 5 時間未満の選手の割合は 66.2%（平均は 3.5 時間）、シーズンオフであると 32.3%（平均 5.3 時間）とされる。引退後 3 年以上会社に残る人の割合については、「8 割以上」と回答したチームは、男性で 78.0%、女性で 20.0% であった。

　日本経済団体連合会（経団連）が 2013 年に実施した「我が国の企業によるスポーツ支援の現状と課題に関するアンケート」[31] によれば、選手の雇用形

42

態については、「正社員」が 59.3%、「有期契約社員」(プロ契約)が 22.2%、無期プロ契約が 3.7%、嘱託等が 7.4% とされる。選手のセカンドキャリアについては、「社員として継続勤務」53.7%、「関連会社への出向・転籍」22.2%、「家事手伝い」11.1%、「自営」「進学」9.3% と続いている[32]。

なお、少し古いデータになるが、日本トップリーグ連携機構が 2009 年に実施した「トップチーム・トップアスリートに関する実態調査報告書」[33]によれば、雇用形態は「正規の職員・従業員」男性 60.0%、女性 45.1%、「契約社員」男性 19.0%、女性 28.6%、「その他」男性 21.0%、女性 26.3% となっている。正規の職員・従業員の競技活動以外の年間就業日数について、200 日を超える割合は男性で 44.2%(中央値は 174.5 日)、女性で 64%(中央値は 224.5 日)となっている[34]。

3-2 企業スポーツの移籍制度に関するスポーツ団体と選手間の協議の現状

日本スポーツ法学会第 25 回大会シンポジウムで報告された「日本のスポーツ団体における選手組織の現状について」との調査[35]によれば、企業スポーツに関連して、日本トップリーグ連携機構加盟の J リーグと B リーグを除く 10 団体については、選手組織が外形的に認められたのはラグビー、アメリカンフットボールの 2 団体のみであった。また、このような選手組織との間で移籍制度など選手の労働環境に関して協議を行っている団体はラグビートップリーグのみであり、その他の団体は選手組織との間で社会貢献活動を共同しているという回答であった。

この結果からすれば、日本の企業スポーツにおいて、移籍制度などの選手の労働環境について、選手との間で定期的な協議を行っている団体はほとんどないことが明らかになっている。

4 アスリート人材としての労働実態を踏まえた 企業スポーツの移籍制度に対する法的規制

それでは、以上の前提に基づき、企業スポーツ選手のアスリート人材としての労働実態に応じた移籍制度への法的規制について、整理してみよう。

まず、アスリート人材としての労働実態の 1 つ目の類型は、一般業務を労働

第1部　企業スポーツ

として行いながら、一般業務の対価として給与を受け取り、企業のアスリート人材としてではなく、スポーツ活動を実施するタイプ（純粋アマチュア型）である。既にクラブチーム化したチームにて、無償でスポーツ活動を行っている選手もこの類型である。

　この類型は独占禁止法が適用される以前の問題として、純粋アマチュア型ゆえに、そもそもスポーツ活動を対象とする契約がない以上、契約をもって移籍を制限する法的根拠は見出せない。

　アスリート人材としての労働実態の2つ目の類型としては、スポーツ活動を労働として行いながら、スポーツ活動の対価として報酬を受け取っており、契約としては業務委託契約、プロ契約などを締結している類型である（プロⅠ型）。前述の労働実態調査においても約3割程度このような選手が存在するようである。

　この類型については、契約を締結している以上、契約に基づく拘束としての移籍制限は考えられる。業務委託契約、プロ契約のため、契約期間中は移籍制限が可能である。

　契約を超える移籍制限を行うことについて、業務委託契約やプロ契約を締結している場合は、事業者である以上、当然に独占禁止法が適用される。そして、前述の検討会報告書では、「複数のクラブチームが共同して選手の移籍を制限する行為はプロリーグの魅力を高めることを通じて消費者に対して提供するサービスの水準を維持・向上させる目的から行われているとの主張」があることを指摘したうえで、「移籍制限行為が当該目的の実現に不可欠であるのか、商品・サービス市場での競争促進効果（消費者利益の向上等）の程度や、それが人材獲得市場での競争阻害効果を上回るものであるか、といった点も含めて総合的に考慮した上で判断されることになる。また、目的に比べてその手段が相当か、同様の目的を達成する手段としてより競争制限的でない他の手段は存在しないのかといった内容、手段の相当性の有無も考慮の上で判断される」と結論付けられている。

　アスリート人材としての労働実態の3つ目の類型としては、スポーツ活動を労働として行いながら、スポーツ活動の対価として報酬を受け取っており、契約としては雇用契約を締結している類型である（プロⅡ型）。前述の労働実態調査によれば、正規社員でも、一般業務の労働時間がシーズン中5時間未満の

44

3　企業スポーツの選手移籍制度に対する法的規制

選手の割合は 66.2％も存在するため、多くの企業スポーツ選手がアスリート人材として雇用されている実態も明らかになっている。

　この類型についても、契約を締結している以上、契約に基づく拘束としての移籍制限は考えられる。特に有期雇用契約であれば、契約期間中は移籍制限が可能である。一方で、企業との間で無期雇用契約を締結していたとしても、アスリート人材としての無期雇用契約はありえないと考えられる。アスリートとしてはあくまで年齢的な上限があり、前述の労働実態調査でも引退して別の業務を行う、あるいは退社するなどが前提となっているからである。とすれば無期雇用契約に基づく期限の定めのない移籍制限もありえないだろう。

　また、契約を超えた移籍制限については、雇用契約を締結していた場合、事業者とはいえないが、企業スポーツに同じアスリート人材として事業者と雇用者がいて、事業者には独占禁止法が適用され移籍制限がなく、雇用者には独占禁止法が適用なく移籍制限あり、というのは、同じアスリート人材競争という意味で法的に明らかに不均衡である。

　前述の検討会報告書では、第 2 独占禁止法による行為規制の概略において、「労働者は当然に独占禁止法上の事業者には当たらないと考えることは適切ではなく、今後は、問題となる行為が同法上の事業者により行われたものであるのかどうかを個々に検討する必要がある」と記載されている。また、1947 年の「独占禁止法立法時に「労働者」として主に想定されていたと考えられる伝統的な労働者、典型的には「労働基準法上の労働者」は、独占禁止法上の事業者には当たらず、そのような労働者による行為は現在においても独占禁止法の問題とはならないと考えられる」と記載されるものの、「ただし、これらの制度の趣旨を逸脱する場合等の例外的な場合には、独占禁止法の適用が考えられる」とされている。

　この類型をあてはめれば、アスリート人材としての雇用契約といえども、そもそも労働基準法の契約期間、労働者性、労災適用、労働時間規制、解雇規制

表　アスリート人材としての労働実態を踏まえた法的規制の整理

	労働実態	移籍制限の法的根拠	契約を超える移籍制限への法的規制
類型 1	純粋アマチュア型	なし	―
類型 2	プロⅠ型	業務委託、プロ契約	独占禁止法
類型 3	プロⅡ型	雇用契約	労働法、ただし独占禁止法の余地

45

第 1 部　企業スポーツ

などの適用に関して大きな課題があり[36]、労働法の保護を受けることも不十分な現実がある中では、独占禁止法適用の余地があると考えざるを得ないだろう。

5　さいごに

　以上、本稿では、アスリート人材としての労働実態を踏まえた企業スポーツの移籍制度に対する法的規制に関して整理を行ってみた。

　既に雇用、業務委託、プロなどの契約を問わず、スポーツ活動の対価として報酬をもらうか否かで明確な線引きを行い（前述の類型 1 と類型 2、3 で分けている）、類型 1 は自由な移籍を認め、類型 2、3 は契約法理の拘束のみとするサッカー、バスケットボールは、極めて明確な制度になっている。前述のとおり、アスリート人材獲得市場における独占禁止法の適用やアスリート人材に対する労働基準法適用があいまいであること、独占禁止法における明確な正当化事由も見出せない中では、契約法理の適用のみに基づきルールを定めているサッカー、バスケットボールはあるべき法的規制に従った事例といえよう。

　一方で、独占禁止法が適用されない一つの法的根拠であるスポーツ団体と選手の間での実質的な協議について、日本の企業スポーツにおいてほとんどなされていないことは大きな課題である。

　移籍制度もアスリート人材としての労働実態と契約法理、独占禁止法だけで決まるわけではない。当事者であるスポーツ団体と選手間の協議により、今後の企業スポーツのあり方を考え、自らの方向性を決定すべきであり、世界的にみれば、このような協議による決定がスポーツ界をリードしてきた例もある[37]。既にこのような協議の場を設けているラグビーは先進的な事例となり得るため、今後も注目である。企業スポーツの未来を慎重に検討するのであれば、選手との実質的な協議は避けられない。

【注】
1)　http://www.jftc.go.jp/cprc/conference/index.files/180215jinzai01.pdf
2)　川井圭司（2003）「プロスポーツ選手の法的地位」、成文堂、第 4 部　わが国の現状と課題　第 2 章　実業団選手の法的地位、小笠原正監修（2007）「導入対話によるスポーツ法学」（第 2 版）、不磨書房、第 16 章企業スポーツの法律問題。
3)　http://www.jfa.jp/documents/pdf/basic/br18.pdf

46

3　企業スポーツの選手移籍制度に対する法的規制

4)　報酬又は利益を目的とすることなく、プレーする者（同5条）
5)　その所属チームとの書面による契約を有しており、当該選手のサッカー活動の対価として当該選手が被る費用を実質的に上回る支払いを受ける者（同6条）
6)　アマチュア選手が、アマチュア選手として移籍先チームへ移籍したい旨を申し出た場合、移籍元チームは、当該移籍を承諾しなければならず、かつ、名目のいかんを問わず、当該移籍に関し対価を請求することができない。（同22条）、アマチュア選手が、プロ選手として移籍先チームへ移籍したい旨を申し出た場合、移籍元チームは、当該移籍について異議を申し立てることができない。（同24条）
7)　1.　プロ選手との間でプロ選手としての契約を締結しようと意図しているチームは、当該プロ選手との交渉に入る前に書面により当該プロ選手のその時点で在籍するチームに通知しなければならない。当該プロ選手は、当該プロ選手のその時点のチームとの契約が満了したか、又は満了前6ヶ月間に限り、他のチームと契約を締結することができるものとする。2.　プロ選手契約の期間満了前であっても、移籍先チームと移籍元チームとが移籍に伴う補償につき合意し、かつ、当該選手も移籍を承諾した場合は、移籍を行うことができる。（同25条）
8)　http://www.jfa.jp/documents/pdf/basic/br19.pdf
9)　http://www.jfa.jp/documents/pdf/basic/br20.pdf
10)　http://www.japanbasketball.jp/wp-content/uploads/kihonkitei-all_20180307.pdf
11)　https://www.bleague.jp/files/user/about/pdf/r-02_2017_02.pdf
12)　http://jsb-basketball.or.jp/pdf/jsb_rule.pdf
13)　契約選手（第97条〔選手契約〕に定めるところにより、所属チームと契約を締結した選手）（同103条1号）
14)　契約選手以外（同103条2号）
15)　http://www.wjbl.org/pdf/info/transfer_1803.pdf
16)　ただし、当該シーズンや年度を超えて移籍を制限する場合である。
17)　http://www.vleague.or.jp/files/user/blog/2015_oshirase_topics/04-1kiyaku(20160615).pdf
18)　http://www.vleague.or.jp/files/user/blog/2015_oshirase_topics/23tourokukitei(20160615).pdf
19)　http://www.vleague.or.jp/files/user/blog/2014miseiri/trade_manual_code_2016.06.01.pdf
20)　次のいずれかの要件を満たす選手はいかなるチームの選手としても選手契約およびVリーグ登録をして各リーグに出場することができる。（1）前所属チームを離籍または退職の日の早い方（以下「退団日」と表記）から1年を経過した選手
21)　参加チームの登録構成員が、新たに別のチームで登録を申請する場合、第69条①項に定めた要件を満たさなければ選手として各リーグに出場はできない。ただし、移籍前・後の両チームの部長と本人（未成年者の場合は保護者も含む）の三者による同意書が提出された場合は、この限りではない。（同71条）
22)　日本女子ソフトボールリーグ1部規程19条「選手移籍の制限（1）選手移籍とは、選手が前年度所属していたチームを退部後、翌年度、他のチームへ異動した場合をいう。（2）年度内の移籍はできないものとする。（チーム登録規程に準ずる。）（3）リーグ加盟チーム内の移籍及びリーグ加盟チーム外からの移籍条件は、次の通りとする。条件：ア．移籍に際しては、移籍前のチームより移籍承諾書を入手しなくてはならない。なお、登録の際には、登録名簿に移籍承諾書の写しを添付の上、JSA

47

第 1 部　企業スポーツ

に提出すること。イ．移籍前のチームの移籍承諾書がない場合は、当該年度 1 年間はリーグに係わる試合に出場できないこととする。ウ．万一、移籍承諾書の提出がない選手がリーグに係わる試合に出場したことが発覚した場合は、その後のリーグに係わる試合及び翌年度 1 年間、リーグに係わる試合に出場できないこととする。エ．所属チームの休廃部に伴い移籍が生じる場合、移籍前のチームの承諾は不要とする。（4）審査機関：JSA 内に置く。」http://jsl-women.com/pdf/jsl_regulations.pdf

23）http://www.top-league.jp/wp-content/uploads/2017/08/kiyaku_2017.pdf

24）前所属チーム（JRTL 加盟チームであるか否かを問わない）を退部し、JRTL に加入する他チームへ移籍した選手は、JRTL が届けを受理した日より 1 年間公式試合には出場できない。ただし、「選手離籍証明書」を所有し、移籍前 1 年間に亘り所属していた前所属チームから「選手移籍承諾書」を発行されている選手は所定の選手登録手続完了後、ただちに公式試合出場が認められる。なお日本国籍選手の追加登録期限（毎年 8 月末日）を過ぎた場合は、翌シーズンまで新チームでのトップリーグ公式試合出場はできない。（同 93 条 1 項）

25）https://mainichi.jp/articles/20180220/ddm/035/050/039000c

26）日本野球連盟登録規程 13 条「競技者が加盟チームを転籍した場合、転籍前のチームの登録を抹消した当該年度中は、試合出場を停止するものとする。2 前項の規定にかかわらず、次の各号に該当する場合は、出場停止期間を短縮することができる。（1）加盟チームの解散及び活動休止による場合は、届出日後直ちに審査し、その承認日から出場停止の措置を解くことができる。（2）転籍前の加盟チームの登録抹消証明書が発行されている場合は、届出日後直ちに審査し、その承認日から出場停止の措置を解くことができる。」http://www.jaba.or.jp/gaiyou/kitei/touroku.pdf

27）アジアリーグ移籍ガイドライン 5 条「アジアリーグ初年度登録から 5 シーズンに達していない選手で、アジアリーグの他のチームに移籍する場合は、前所属チームからの承諾がない限り、アジアリーグへの登録はできない。」

28）X リーグ登録規定 13 条「選手の移籍については、登録時に次の書類の提出を要する。ただし、退部届の提出から 1 年未満は 2）、3）の書類が無い限り移籍は認められない。1）退部届（当該選手作成、協会に提出）2）登録抹消届 3）移籍承諾書　2. 選手及びスタッフと引き抜く行為はこれを厳しく禁止する。移籍したかどうかに関わらず引き抜き行為があった場合には懲罰の対象となる。」

29）http://www.jita-trackfield.jp/entry/

30）9 つのスポーツ種目に関する 144 の企業チームを対象とした調査が行われ、69 組織から回答を得た調査である。調査結果の詳細は、澁谷茂樹（2016）「企業スポーツの現状―アンケート調査の結果より―」笹川スポーツ財団編『企業スポーツの現状と展望』第 10 章、創文企画、中村英仁（2016）「組織構造からみる企業スポーツの運営―調査データの分析から」笹川スポーツ財団編『企業スポーツの現状と展望』第 11 章、創文企画、佐伯年詩雄（2017）「企業スポーツの現在を考える―変化する経営課題と企業スポーツの展望」日本労働研究雑誌 No.688、58 頁以降、中村英仁（2017）「企業スポーツ選手の労働と引退後のキャリアとの関係性」日本労働研究雑誌 No.688、72 頁以降。

31）経団連所属 137 社を対象にして 54 社から回答があった調査である。調査結果の詳細は、佐伯年詩雄（2017）「企業スポーツの現在を考える―変化する経営課題と企業スポーツの展望」日本労働研究雑誌 No.688、58 頁以降。

32）新・中村・笹川や経団連の調査研究は、現在の企業スポーツにおける選手の労働実

3 企業スポーツの選手移籍制度に対する法的規制

態を示すものとして貴重な調査ではあるが、特に契約法、労働法、独占禁止法の適否を検討するための労働実態の把握にあたっては、さらに、選手の採用経緯、採用に至った業務能力、選手のスポーツ活動以外の業務の具体的内容、従事状況、スポーツ活動における指揮命令状況などを調査する必要があるだろう。また、たとえ雇用契約を締結していたとしても、実際は企業の指揮命令下にはなく、形式的に雇用契約を締結しているに過ぎないケースも存在するため、さらに詳しい実態把握が必要である。また、選手自身への調査がなされていないが、既に競技環境が熾烈になる中で選手自身はスポーツ活動を中心にせざるをえない状況にもあり、企業側だけでなく、実際の選手の労働環境に対する認識は把握しておく必要がある。

33) http://japantopleague.jp/static/column/sportsenvironment/。日本オリンピック委員会強化指定選手、日本トップリーグ連携機構加盟リーグに所属するチームのうち訪問調査対象チームに所属するアスリートに対する調査で、回答率は39.7%であった。

34) http://japantopleague.jp/files/column/sportsenvironment/sportsenvironment_g-007.pdf。日本オリンピック委員会強化指定選手も含まれている点については企業スポーツの労働実態を把握する調査としては課題が残る。

35) 松本泰介・岡村英祐（2017）「日本のスポーツ団体における選手組織の現状について」、日本スポーツ法学会年報第25号、エイデル研究所。日本の中央競技団体（いわゆるNF）を含む全101団体に対して、選手組織の現状、スポーツ団体の意思決定への関与状況などをウェブ調査及び電話ヒアリング調査したものである。

36) 前掲川井、小笠原参照。

37) サッカー界における国際サッカー連盟（FIFA）と国際プロサッカー選手会（FIFPro）のソーシャルダイアログなど。

49

第 1 部　企業スポーツ

4

日本のエクセレント企業スポーツ としてのラグビー

井上俊也（大妻女子大学）

1　はじめに

　日本には多くのスポーツが外国から輸入され、定着してきた。そして「野球は Baseball とは別のスポーツである」とよく言われるように日本独特の発展を遂げてきた。

　この「野球は Baseball とは別のスポーツである」という表現はしばしば日本の野球が外国とは悪い意味で別のスポーツとなってきたことを揶揄する際に使われることが多いが、一方、日本独特の成長を遂げてきたのがラグビーである。

　本稿ではラグビーが日本企業にとって特別な存在（＝エクセレントスポーツ）であり続けてきたことを論じるとともに、同じモデルが大学にも当てはまるかを問題提起したい。

2　日本の企業スポーツに J リーグが与えた 3 つの功績

　ラグビーは数多くのフットボールの 1 つとして成立し、発祥の地である英国から明治期に日本に伝来している。多くのスポーツがそうであるように高校や大学などの学校で競技が広く実施され、トップレベルのプレーヤーが一握りの企業のクラブに所属し、頂点を形成してきたという点はラグビーも同じである。

　この日本のスポーツの構造に大きな一石を投じたのがサッカーの J リーグの誕生である。J リーグの功績については競技レベルの向上、競技環境の整備な

50

ど様々な評価がなされている。企業スポーツの観点に立つ本稿では、Jリーグの功績について、学校卒業後のトップレベルの競技者への機会の創出、企業におけるスポーツクラブのコスト構造の変化に着目し、「学生競技者に対するオープン化による競技継続機会の提供」、「企業内クラブのスピンオフ」、「ベンチャー型クラブの出現による就業機会の増大」という3点を指摘したい。

2-1 学生競技者に対するオープン化による競技継続機会の提供

　最初にあげた学生競技者に対するオープン化による競技機会の提供というのは、従来は学生競技者が卒業後もトップレベルの競技を続けるためにはある特定の企業に就職しなくてはならなかったが、これを変化させたことである。サッカーの場合、ほとんどの大学や高校にサッカー部が存在し、強弱に差はあるにせよ、大会に出場し、頂点を目指すことができる。ところが、彼らが卒業した後に、頂点を目指すレベルで競技を続けるには三菱重工や住友金属といった企業に就職しなくてはならなかった。三菱銀行や住友商事に就職したのではトップレベルのサッカーを続けることができなかったのである。それを大きく変えたのがJリーグであり、特定の企業に就職してその企業内クラブに入部するのではなく、サッカー選手としてフルタイムの活動を行う「浦和レッドダイヤモンズ」や「鹿島アントラーズ」に入団することになったのである。

2-2 企業内クラブのスピンオフ

　次に、企業内クラブのスピンオフというのは、社員の福利厚生の場として作られた企業内のクラブを別会社化することである。福利厚生という位置づけだけであれば、クラブの運営にそれほど費用は掛からないが、クラブが強くなればなるほどチャンピオンを目指すための運営費用は膨らむ。そしてその強化の見返りとして、企業のPRや社員の士気高揚という点で効果はあるものの、企業内クラブが直接のキャッシュインを生むわけではない。Jリーグの発足により企業内クラブをスピンオフしたことにより、クラブは企業内のコストセンターから、独立した社外の法人のプロフィットセンターとなる。クラブは入場料収入や放映権料、スポンサー料、グッズ販売など、スポーツクラブとしての活動で収入をあげていくことになる。もちろん、親会社がスポンサーとして資金を継続提供するケースが多いが、スポーツクラブ自身が収益をあげることに加

第1部　企業スポーツ

え、広告効果や士気高揚効果を数値化することにより、スピンオフした方が費用を減らすことができる。なお、国内のトップレベルの企業内のサッカークラブのスピンオフはJリーグが発足して6年後の1999年の東京ガス（FC東京）、NTT関東（大宮アルディージャ）を最後にほぼすべてのチームが完了し、企業にとってこのサッカークラブのスピンオフというモデルは正しかったといえるであろう。

2-3　ベンチャー型クラブの出現による就業機会の増大

そして企業クラブのスピンオフと並行して、特定の親会社を持たない地域密着をうたうベンチャー型のクラブも登場してきた。Jリーグ発足時は清水エスパルスだけであったが、1990年代末以降にJリーグに加盟したクラブのほとんどはこのベンチャー型のクラブであり、アルビレックス新潟、松本山雅などは観客動員力が優れ、今後Jリーグに新規参入するクラブはベンチャー型のクラブであり、新たなモデルと歴史を作っていくであろう。そしてこのベンチャー型のクラブの増加は上記のオープン化による競技機会の提供という観点からはサッカー選手としての就業機会を増やしていくこととなる。

2-4　Jリーグに続いて運営形態を変更した他競技

このJリーグの成功に続き、国内では多くの競技がトップレベルの競技の運営形態を変更した。例えば、Vリーグを導入したバレーボールはプロ化、分社化はできなかったものの新たなクラブチームの誕生により、トップレベルのクラブ数の激減を回避している。Bリーグの発足まで紆余曲折のあったバスケットボールも、そのプロセス時点においては上記3つの功績を部分解として実現しており、それがBリーグの発足によって全体解となるであろう。

2-5　ラグビー界の運営形態の変更─2003年のトップリーグの発足

これらの動きの中で唯一異色なのがラグビーである。元来、対抗戦（定期戦）を基本としていたラグビーであるが、社会人レベルでは対抗戦とは別に地域ごとのリーグ戦が確立してきた。1980年代末には東日本、関西、西日本の3地域で社会人リーグが存在し、それぞれの大会形式には様々な変更があったものの、秋に各地域でのリーグ戦を行い、その上位チームが年末から新年にかけて

52

4　日本のエクセレント企業スポーツとしてのラグビー

全国社会人大会を行い、その優勝チームが大学選手権で優勝した学生の代表と日本選手権を争うという構図が続いた。

世界のラグビー界は1987年にワールドカップが始まり、1995年にはプロ化が容認されるという大きな動きがあった。そして国内では1993年のJリーグ誕生という環境もあり、日本のラグビー界も2003年にトップリーグを発足させた。トップリーグは従来の3地域リーグから全国リーグに発展したものであるが、参加チームが企業内のクラブという形態は変わらず、先述したJリーグの3つの功績は享受していない。企業のラグビー部がスピンオフし、オープン化したわけではなく、全国津々浦々にベンチャー型のクラブが生まれたわけでもない。トップリーグの誕生は、サッカーの世界でいうならば、1965年の日本サッカーリーグの発足と同じレベルである。

各種のスポーツがJリーグに触発されて、その枠組みを変更し、ラグビーもトップリーグを発足させたが、ラグビーだけは企業スポーツの枠組みのままであり、かつトップレベルにベンチャー型のクラブが出現しているわけではない。トップリーグのCOOであった稲垣（2009）はトップリーグは企業スポーツのトップモデルを目指すとしている。本稿ではこれは日本企業においてラグビーがエクセレントスポーツの位置づけにあったがゆえに、改革を必要としなかったことの表れであるととらえて、分析を試みる。

3　エクセレント企業スポーツであるラグビー

3-1 日本における企業スポーツの位置づけの変遷

日本において企業スポーツは社員の福利厚生、学生競技者に対する卒業後の競技機会の提供という本来の目的から大きく変化し、高度経済成長期以降は企業PRの一環であり、社内的には社員の士気高揚、対外的には企業イメージの向上、地域貢献活動という位置づけに重点が置かれるようになってきた。そして、企業業績の変動によって企業スポーツは影響を受け、好業績企業、成長企業が企業スポーツに新規参入し、業績低迷企業、斜陽産業の企業が企業スポーツから撤退していくことは企業スポーツの位置づけが大きく変わってきたことを表すものである。

バブル崩壊と機を同じくする1990年以降の企業スポーツの撤退については

53

第1部　企業スポーツ

改めて本稿で紹介する必要もないが、この動きの中で極めて撤退が少なかったのがラグビーである。1990年代から2000年代にかけての企業スポーツの撤退には2つの源流がある。まずは企業業績の低迷である。企業業績が低迷している時点でコストセンターである企業スポーツから撤退するのは経済合理性から言って当然のことである。そしてそれに拍車をかけたのが2つ目の流れである株主重視経営である。ジャパン・アズ・ナンバーワンという言葉に代表されるように1980年代までの日本企業の優位性のあった時代には企業は社員のものであるという日本型経営を進めていた経営者が、バブル崩壊後の失われた20年に入るや否や、米国型の株主重視経営に舵を切る。その結果として、企業スポーツを縮小、撤退することが株主に評価されるというパラダイムの転換があった。このようにして1990年代以降の企業スポーツは撤退の一途をたどってきた。

3-2　企業スポーツ撤退の流れの中で休部・廃部の少ないラグビー

　ラグビーは学生の卒業後の競技継続という点では恵まれたスポーツである。全国社会人ラグビーフットボール大会は1948年から始まったが、その参加チームのほとんどは日本を代表する大企業のチームであり、大企業以外も警察、自衛隊、市役所といった官公庁であった。日本サッカーリーグに参加していた企業はプロ野球の親会社と比較すると大企業が多いと言われたが、ラグビーの全国社会人大会に出場していた企業は日本サッカーリーグに参加していた企業よりも企業規模が大きく、官公庁もその規模、安定性からいえば大企業以上と言えるであろう。

　しかし、このような大企業もバブル崩壊の打撃を受け、官公庁も財政悪化の波に飲まれる。ところが、全国社会人ラグビーフットボール大会に出場した経験のあるチームの中で1990年代から2000年代に廃部、休部となったのはニコニコドー（1999年）、伊勢丹（2001年）だけである。ニコニコドーも伊勢丹も1980年代以降に強化を始めた新興チームであり、バブル崩壊、円高、さらには産業構造の変化の影響を受けた伝統的な重厚長大企業の抱えるラグビー部は休部や廃部にはならなかったのである。同時期には日本のラグビーを支えてきた新日鐵（現在の新日鐵住金）の多くの野球部やバスケットボール部が休廃部となったが、ラグビー部は形を変えて活動を継続してきた。

54

4　日本のエクセレント企業スポーツとしてのラグビー

　また、記憶に新しいところでは日本の企業スポーツを支えてきた東芝が
2015 年に発覚した粉飾決算事件を契機として、経営危機に陥った。東芝は白
物家電事業や医療機器事業などの売却、テレビ番組からのスポンサー降板とと
もに、企業スポーツからの撤退を余儀なくされた。企業スポーツに関しては、
B リーグの発足とともにスピンオフした男子バスケットボールの川崎ブレイブ
サンダースを DeNA に 300 万円で売却すると 2017 年 12 月に発表した。この
時点で東芝が強化スポーツとして有するチームは野球とラグビー、そしてスピ
ンオフして孫会社の TBLS サービス社が運営するバスケットボールである。そ
れぞれの直近の成績を紹介すると、野球部は 2017 年夏の都市対抗でベスト 4、
秋の日本選手権でベスト 8、ラグビー部は前年の 2016-17 シーズンのトップリ
ーグでは発足後最低の 16 チーム中 9 位に沈み、2017-18 シーズンも 12 月初め
の時点で 7 位であった。そしてバスケットボールの川崎ブレイブサンダースは
B リーグ発足元年のシーズンではレギュラーシーズンで 1 位、チャンピオンシ
ップでは決勝で敗れて準優勝であった。また 2017-18 シーズンも 12 月初めの
時点での順位は B1 リーグ全体で 18 チーム中 6 位である。現在のトレンドで
ある株主重視、短期業績重視の観点からいえば、真っ先にラグビー部が俎上に
上がるのではないかと思われたが、スピンオフしたバスケットボールが売却と
なった。

3-3　ラグビーを企業経営に活用した日本企業

　これは日本企業、特に伝統的な企業においてラグビーの持つ位置づけが特殊
なのではないか、換言すれば日本の伝統的な企業はラグビーをエクセレントス
ポーツとして扱い、それを企業経営に活かしてきたのではないかということが
できる。

　同じフットボールであっても、日本ではサッカーとラグビーとアメリカンフ
ットボールではかなりイメージが違う。チーム競技でありながら、スクラム、
ラインアウトというセットプレーのあるラグビーはチームワークや団結心の象
徴としてとらえられる。実際のチームプレーという点では、フィールド上の
11 人が動くアメリカンフットボールの複雑なサインプレー、あるいはピッチ
上で誰からの指示も受けずに瞬時に判断を選手同士が行うサッカーのパスの方
がより難易度が高いかもしれないが、スクラムという概念は全員が力を出して

55

第1部　企業スポーツ

協力するという企業経営の象徴のように扱われてきた。

　さらにスクラムだけではなくモールやラックの密集プレーに参加するフォワードの選手は、パスプレーやランプレーでトライをあげるバックスの選手を支える縁の下の力持ちとして自己犠牲の象徴のようにとらえられ、これもまた企業経営には欠かせない愛社精神を育む際の象徴としてとらえられてきた。実際にはルール変更とそれを受けた戦術の変更で、現在のラグビーではバックスの選手もモールやラックに加わり、フォワードの選手もラインを形成することがある。そしてアメリカンフットボールにまで目を転じれば、ルール上、ボールを触ることができないポジションもあり、タッチダウンをあげることがルール上できないポジションの選手もいるが、ラグビーだけが自己犠牲に基づいたチームプレーを昇華させたかごとく扱われてきたのである。

3-4　古くから変わらない日本人のラグビー神話

　そして同じイングランドを起源とするサッカーとラグビーであるが、日本ではかなり異なったイメージが植え付けられてきた。ラグビーは上流階級の子弟の集まるパブリックスクールを中心に行われ、金銭的に恵まれた職業についているために選手もアマチュアであるのに対し、サッカーは労働者階級のスポーツであり、金銭的に恵まれないためプロ化が進んだ、というものである。ラグビーは上流階級のスポーツであるというポジティブなイメージが日本人に植え付けられ、それもまたラグビーの持つ良いイメージを企業が自社のイメージをアップするために利用してきたということも考えられる。

　実際にはラグビーもサッカーもパブリックスクールを中心に発展してきたスポーツであり、ラグビーユニオンと言われる 15 人制のラグビーはアマチュア主義を貫き、ラグビーリーグと言われる 13 人制のラグビーはプロ化が進み、金銭を求める選手は 13 人制のラグビーリーグに転身していった。そして 1990 年代半ば以降は 15 人制もプロ化が進み、欧州や南半球のトップレベルの選手はプロ選手となっていった。

　さらにラグビーは審判の判定に従い、トライをあげてもガッツポーズをしない、審判の判定に異議を唱えて乱闘が起こったり、得点をあげてガッツポーズをしたりするサッカーや野球とは違った品位のあるスポーツであるという神話も日本社会では定着していた。

56

4 日本のエクセレント企業スポーツとしてのラグビー

しかし、ラグビーだけではなくサッカーも野球も審判の判定に従うのがルールであり、ラグビーでもトライをあげてガッツポーズをすることも多くなってきた。さらにはラグビーもフィールド上の審判は絶対ではない、ということからビデオ判定となるテレビマッチオフィシャルを導入するようになった。ビデオ判定は技術の向上と装置の低価格化からどのスポーツでも導入される傾向にあるが、ラグビーの場合はビデオ判定を担当する審判（テレビマッチオフィシャル）はフィールド上の主審と同列の位置づけを与えられている。そして好ましいことではないが、特に欧州の試合では乱闘は日常茶飯事である。

このような状況を考えれば、ラグビーは上流階級のスポーツであり、アマチュアリズムを貫き通し、審判にも文句を言わず、相手をリスペクトしてガッツポーズをしないスポーツであり、プレーヤーには品格がある、というのは残念ながら正しい認識ではなくなってしまったであろう。

3-5 社員の一体感、労働意欲に貢献するラグビー

このようにラグビーという競技が大きく変化しながらも、日本のトップレベルである企業スポーツは従来のラグビー観を変えることなく、ラグビーを従来型の企業スポーツの枠組みの中に押しとどめた。ラグビー部のある日本企業は従来型の企業スポーツのメリットを享受し続けることを選択した。当然、サッカーのＪリーグ発足に伴う企業スポーツのスピンオフという先行事例がありながら、社会人ラグビー界がスピンオフを選択しなかったということはラグビー部をグループ会社とはいえ社外に出してしまうよりもコストはかかり続けるが、社内の組織としておいた方がメリットが多い、という判断によるものであろう。

この企業スポーツのメリットとしては社員の一体感の醸成、企業イメージの向上といった部分である。トヨタ自動車の人事部に勤務していた荻野（2007）によれば、トヨタ自動車は様々なスポーツクラブを社内に有しているが、社内スポーツクラブの勝敗と労働意欲、部署の一体感の醸成という点では、大竹・佐々木の調査が5つのクラブの中でラグビー部が勝利した場合が最も影響がある、ということが明らかになっている。

同じ団体球技でも、サッカーや野球に比べ、先述の通り、コンタクトプレー、セットプレーが多く、団体プレーである会社での業務とオーバーラップするこ

第1部　企業スポーツ

とがあるのであろう。また、企業の中でも経営層と言われる立場の人たちは同じラグビーの試合でも司令塔と言われるスタンドオフがどのようにゲームを組み立て、バックスラインを操っているのか、ペナルティを得た際にキャプテンがどのようなプレーを選択するかということに自らの毎日をオーバーラップさせながら観戦しているであろう。

　さらに、同じラグビーを見ても集団で業務を行っている会社員と、個人事業主やフリーランスの場合は注目する点が異なるであろう。個人事業主やフリーランスの場合はバックスの巧みなステップワークあるいはスーパーブーツと言われる精度の高いゴールキックに関心を持つであろう。そしてそのような人たちはラグビーのステップワークやゴールキックと同様にサッカーの絶妙なドリブルや、野球では魔球と言われる変化球に魅了されるであろう。

　個人技の魅力という点ではラグビーは野球やサッカーほどそのウエイトは大きくない。これが会社という組織を運営する点でラグビーが他の競技に比べて社員の一体感の醸成、士気高揚に貢献することを意味していると言えるであろう。

　そしてラグビーが企業にとって魅力的であるのは競技そのものだけではない。日本ではラグビー観戦文化というものが根付いていた。それは野球やサッカーのように誰かが音頭を取って集団で応援するのではなく、応援は自発的に行う、座席は野球やサッカーのように応援するチームごとに割り当てられているわけはなく、両チームが入り混じって着席し、応援は基本的には拍手であり、良いプレーに対しては応援するチームとそうではないチームに関係なく拍手を送る、プレースキックの場合には静粛にする、というものである。このラグビー観戦文化も社員の価値向上、企業イメージの向上には大きく貢献している。すなわち野次を飛ばしたり、強制されて応援をしたりするのではなく、相手をリスペクトし、自立した存在として節度を保って応援を行うという社員像は、ラグビー場に観戦に来た社外の人たちから見れば好印象を持たれるはずである。澤野（2005）は企業スポーツを広報宣伝ではなく労務管理の観点から論じているが、企業スポーツは競技者だけではなく応援する社員の人材育成にも貢献していると、特にラグビーの場合は言うことができるであろう。

　もし、ラグビー部をスピンオフして社外の組織としてしまえば、サッカーがJリーグで経験したように競技レベルが上がり、観戦する側にとってもその魅

58

4　日本のエクセレント企業スポーツとしてのラグビー

力は増大するかもしれない。しかし、ラグビーの持つ魅力が増したにもかかわらず、企業が社員の一体感の醸成や労働意欲の増進そして企業イメージの向上ということを逸失してしまうことは想像に難くない。

4　変容するラグビー

4-1　Jリーグの発足が生み出した応援文化が変えたラグビー場の光景

　しかし、前項でとりあげた日本のラグビー観戦文化も大きく変わってきている。これはJリーグが影響し、トップリーグだけではなく大学の試合においても両チームの応援席を割り当てるようになった。以前も指定席の場合は特定のエリアをチームがまとめて購入するということはあったが、サイドが決まっているわけではなかったが、現在はハーフラインを挟んで左右にきれいに色分けされるようになった。2018年初頭においてもラグビーの試合に行くと試合前やハーフタイムにルール解説と観戦マナーのビデオが流される。ビデオでは赤と白のジャージーを着て応援する女性の両隣は相手チームの青のジャージーを着た男性であり、節度を保って応援し、試合が終わったら仲良くノーサイド、ということがアピールされているが、すでにそのような光景は例外的になっている。

　また、ラグビーも2000年代に入ってサッカーや野球のようにリーダーが指揮をして統制のとれた応援をするようになった。トップリーグの場合は応援グッズを配って応援をより華やかなものにしているケースが多い。応援文化の醸成ということはあまり指摘されないJリーグの功績であるが、それがラグビーの世界にも入ってきた。したがって、ラグビーの応援席の風景もサッカーや野球と差がなくなってきている。企業スポーツとしての応援席の競争優位性が薄れてきたわけである。

4-2　環境変化後も変わらない日本企業のラグビー観

　このように応援席の風景も変わってきたが、変わらないものがある。それがチケット売り場の光景である。トップリーグの試合に行くと、好カードにもかかわらず、チケット売り場にほとんど人が並んでいない。もちろん、前売りチケットを購入している観戦者も多いだろう。しかし、そのチケット売り場の隣

59

第1部　企業スポーツ

で長蛇の列、黒山の人だかりとなっているのが、各企業が出しているブースである。社員並びにファンクラブのメンバーはここでチケットを受け取るわけである。その多くは企業がまとめて購入したチーム券を渡されて試合を見る社員なのである。つまり、企業スポーツの応援席の競争優位性が薄れてきた現在となっても、応援する社員のために企業はチーム券を購入し、社員の一体感醸成、士気高揚のために活用しているわけである。

4-3　エクセレントリーグとなりつつあるトップリーグ

　このように日本の企業スポーツとしてエクセレントな存在であるラグビーであるが、トップリーグの発足によって確実にレベルアップしている。また、ラグビーがプロ化できない理由として試合数の少なさが指摘されるが、日本のトップリーグは諸外国のリーグに比べて明らかに試合数が少ない。ラグビーの世界ではウインドウマンスと言って6月と11月は代表の国際試合を行う。北半球がシーズン中である11月のウインドウマンスは日本ではトップリーグの試合がないが、欧州ではウインドウマンス中でも通常通りにリーグ戦を行っている。これは日本のサッカーのケースを考えていただけば分かりやすい。サッカーでは代表戦の前後にはJ1のリーグ戦はなく、影響の少ないJ2やルヴァンカップの試合が行われるが、欧州のラグビーはそのような試合ではなくれっきとしたJ1のリーグ戦に相当する試合が行われている。早春に行われるシックスネーションズの期間も同様である。このような労働条件の良さ、日本の治安の良さは外国人選手にとっては魅力であり、多くの外国人選手が活躍している。そしてラグビーの場合は一定の条件を満たせば、日本国籍を取得しなくても日本代表選手になることができる。このような恵まれた職場環境が優秀な外国人選手、さらにはJリーグ発足時のように峠を過ぎた大物外国人ではなく、これから世界に飛び出していく若手有望選手を集めることが構造的に可能である。そしてこのような外国人との日々の戦いの中で当然日本人のレベルも上がっていく。

　日本企業はラグビーをエクセレントスポーツとしてとらえているかもしれないが、企業スポーツとしての価値は確実に下がっている。一方、トップリーグはエクセレントリーグとなる可能性を秘めており、それは日本の企業のラグビー部が構成しているのである。

60

5 おわりに ―大学ラグビーはエクセレントスポーツとなりうるか―

　そして最後に言及しなくてはならないのが大学ラグビーである。競技レベルではトップリーグに大きく水をあけられたが、トップリーグを支えているのが大学ラグビーであり、人気もあることから日本版 NCAA のキラーコンテンツの 1 つとして期待されている。まずトップリーグを支えているという点であるが、現在のトップリーグの選手のほとんどが大学を卒業している。2003 年のトップリーグ発足後、これまで 20 歳未満でトップリーグの試合に出場した選手はわずかに 2 人、しかもそのうち 1 人は外国人（外国の高校卒業）である。J リーグの発足によって大学サッカーや高校サッカーが凋落するのではないか、と言われたのとは大きな違いである。そして、今でも秩父宮ラグビー場を満員にできるのは大学ラグビーである。

　大学においてラグビーがこれまでの日本企業が行ってきたように活用できるかというと、かなり厳しいものを感じる。確かに大学ラグビーの試合には多くの学生が応援に来ている。秩父宮ラグビー場の隣にある神宮球場で行われている東京六大学野球の応援席には学生が 1 割しかいない、というのとは大違いである。これはラグビーが一体感を醸成すること、士気を高揚させることは会社員も学生も関係ないことを物語っている。しかし、一体感の醸成（社会人の場合は愛社精神であり、学生の場合は愛校心であろう）や士気高揚（社会人の場合が労働意欲であるならば学生の場合は学習意欲となる）は重要なことであるが、それがもたらす効果は企業と大学の場合では大きく違うのではないだろうか。学生の場合、ラグビー部が頑張っているから自分も勉強を頑張ろう、と思うことはあっても、そこでとどまり、企業の場合とは効用が違うのではないだろうか。愛校心の醸成もスポーツが実現することも自明ではあるが、その愛校心がどのような利益を大学にもたらすかということは、必ずしも明白ではない。

　むしろ、日本においては、大学の入学試験の出願時期に主要試合があり、マスコミに露出するという点ではラグビーはエクセレントスポーツである。ラグビーの持つポジティブなイメージが企業同様、大学のイメージも向上させ、出願者が増えることは受験料収入の増加という日本の大学のビジネスモデルに合致している。もっとも、日本版 NCAA 構想では大学スポーツの産業化を提唱

第1部　企業スポーツ

しているが、はたして受験料収入の増加を大学スポーツの産業化という範疇でとらえていいものであろうか。さらに入学試験の多様化によって受験料収入の位置づけも変わってくるであろう。

　ラグビーが大学においてもエクセレントスポーツとなりうるか、ということについては、第2章の大山高氏、石井昌幸氏の原稿に解答を委ねたい。

【文献】
・荻野勝彦（2007）「企業スポーツと人事労務管理」『日本労働研究雑誌』No.564、pp69-79。
・澤野雅彦（2005）『企業スポーツの栄光と挫折』青弓社。
・杉山茂・岡崎満義・上柿和生編（2009）『スポーツアドバンテージ・ブックレット　企業スポーツの撤退と混迷する日本のスポーツ』創文企画。
・（公財）笹川スポーツ財団編（2016）『企業スポーツの現状と展望』創文企画。
・西崎信男（2017）『スポーツマネジメント入門（第2版）』税務経理協会。

　なお、本文中のチームの成績等については下記のホームページを参照するとともに全国社会人ラグビーフットボール大会のプログラムとジャパンラグビートップリーグオフィシャルファンブックを参照している。
　ジャパンラグビートップリーグ公式サイト　http://www.top-league.jp
　公益財団法人日本野球連盟　http://www.jaba.or.jp/
　B.LEAGUE（Bリーグ）公式サイト　https://www.bleague.jp/

第2部

大学スポーツ

第 2 部　大学スポーツ

5

帝京大学ラグビー部の成功要因

大山　高（帝京大学）

1　はじめに

　2003 年に日本ラグビー界は「ジャパンラグビートップリーグ（以下トップ
リーグ）」を始動させた。野球やサッカー、そしてバスケットボールなどが次々
と“プロリーグ化”が盛んになってくる日本のスポーツ界で唯一その形態に自
らを填めないのがラグビーである。つまり、未だにアマチュアイズム・企業ス
ポーツの典型としてトップリーグは存在しているのだ。

　日本における企業スポーツの位置づけが変容する中で、ラグビーだけは社員
の一体感や労働意欲に貢献する競技として企業が休部・廃部としない特徴をも
っている。ラグビー部をもつ企業がいわゆる日本を代表する超大企業が多いか
ら、という理由ではなく、記憶が新しいところで言えば「東芝の粉飾決算事件」
や「神戸製鋼データ改ざん事件」など、財政悪化の波に飲まれても自社の名門
ラグビー部は存続させている。ちなみに著者が実際に携わった三洋電機ワイル
ドナイツも“存続させた”部類に当てはまる。本体企業の業績悪化（もともと
は 2004 年に発生した新潟県中越地震によって半導体製造の子会社倒壊による
大幅な減収減益を機に業績が悪化）に伴い 19 年間続けたプロ野球オールスタ
ーの冠スポンサーから撤退し、名門バドミントンチームも休部させたものの、
同社ラグビー部だけはチーム名も練習環境も変更せずにパナソニック社に譲渡
した。

　しかし、本書の別の論考で井上俊也氏が述べるように、日本企業はラグビー
をエクセレントスポーツとして捉えているかもしれないが、企業スポーツ（日

64

本全体の実業団チーム）としての価値は確実に下がっているとして「一方、トップリーグはエクセレントリーグとなる可能性を秘めており、それは日本の企業のラグビー部が構成しているのである」と謳っている。また、そのトップリーグの人材を支えているのは大学ラグビーであり、リーグ所属選手のほぼ全員が大卒プレーヤーたちであることから「大学ラグビーはエクセレントスポーツとなりうるか」という問題提起もされていた。私も、たまたまではあるが企業スポーツと大学スポーツに関わる立場を経験し "ラグビー界の礎（今後の発展）は大学ラグビーにある" と考えている。

　元日本代表ヘッドコーチのエディー・ジョーンズ氏は著書を通じて「大学ラグビーが日本のラグビーが発展するうえで、大きな役割を担ってきたのは理解しているつもりです。ただ、現状を見ていると残念ながら帝京大学以外のエリートチームは、エリートにふさわしい練習ができているとは言いがたい。伝統校は進歩が止まっています。帝京大学が連覇をしているのは、マネジメント、コーチングが優れているからです」（生島，2015）と述べていた。

　本稿では、帝京大学ラグビー部が成功している要因をマネジメント論の視点から分析し、大学スポーツはエクセレントスポーツとなりうるかを検討したい。

2　帝京大学ラグビー部のマネジメント

　帝京大学ラグビー部（学友会体育局）は1970年に創部され、現在は関東大学ラグビー対抗戦グループに所属している。学内では強化クラブとして指定されており、全国大学ラグビーフットボール選手権大会では9年連続日本一の実績を持っている。この常勝軍団を率いる岩出雅之監督は、1996年に同校ラグビー部監督に就任し、日本の大学ラグビー部の中でも他校に引けを取らない独自のマネジメントに着手した。選手が毎年入れ替わる大学スポーツで、前人未到の9連覇という実績は個々の能力よりも組織としての強さが当然求められる。そして、強いチームには必ず高度なマネジメントが備わっているものだ。2015年W杯イングランド大会において世界的強豪国の南アフリカを相手に、日本代表を24年ぶりの勝利へ導いた元ヘッドコーチのエディー・ジョーンズ氏も絶賛する「帝京大学ラグビー部のマネジメント」はどのように形成されているのだろうか。

第 2 部　大学スポーツ

2-1 ラグビーのマネジメント

　ドラッカーはそのマネジメント論において、まず企業の目的とは何かを追求している。彼が重視する「顧客の創造」とは、企業は単なる営利を追求するために存在するのではなく、会社という組織は、まずは社会に貢献するために存在していると指摘する。常に企業は顧客が何を求めていて、それを満足させる製品やサービスを提供する方法でしか生き残れないと主張する。つまり、市場が求めるものをいち早く察知して、要求に応えなくてはならないのだ。その意識に見合ったものを提供していくことが、第一に企業がはたすべき社会貢献であると語っている。

　この視点で帝京大学のラグビー部を検証すると、（1）ただ勝てばいいというチームづくりをしていない（2）スポーツの本質を選手たちに理解させている（3）常に新しい価値を創造させている、といった 3 つの使命を果たす岩出監督流のチームマネジメントに着目できる。

　まず、帝京大学ラグビー部の常勝を築いたのはあくまでも「教育の結果」であり、成功の要因は岩出監督自身が「指導者でもあるが、教育者である」ことであったと考えられる。

　一つ目の「ただ勝てばいいというチームづくりをしていない」とは、高校生および高校のラグビー指導者たちをマーケティングしたことに注目するべきであろう。つまり、高校生や高校ラグビー部の監督たちを顧客と捉え、彼らが何を求めているのか、顧客の創造に焦点をあてている。ドラッカーのマネジメント論でも「マーケティングは顧客のニーズを汲み取ること」とされ、マーケティングの理想は "販売を不要にすること" だと謳った。高校でラグビーをやってきた選手たちは「伝統校へ入学したい」のではなく「選手として成長し、自分が試合に出れるかどうか」を考えているはずだ。指導者たちは、自分が手塩にかけて育てた選手が「大学に入ってから潰されない（すぐに挫折しない）環境へ送りたい」と思うのが普通ではないだろうか。帝京大学では、岩出監督の強い意向により教育的観点から学生がラグビーを楽しんでプレーして勉学に励む組織をつくりあげたのである。

　二つ目の「スポーツの本質を選手たちに理解させている」については、チームのスローガンを「Enjoy & Teamwork」としたことに示される。このスローガンは 19 年前に設定され、岩出監督が Enjoy の「エン＝つくる」と「ジョ

イ＝喜び」の意味を英語の先生から教わり、スポーツで喜びをつくり、楽しむという文化をチームに植え付けようとした。当時はエンジョイという言葉を軽く捉える時代だったが、今ではスポーツ本来の意味を追求する時代へと変わっていき、スポーツは広く人々の生活の中で「楽しむためのもの」と再認識されてきている。スポーツの語源を詳細に解説するのは割愛するが、スポーツは本来の語源であるラテン語「デポルターレ deportre」にある。de=away, portre=carry が示すように、人間の生存に必要不可欠な義務から一時的に離れ（away）、心身ともにバランス良く運ぶ（carry）＝自分を見つめる、気晴らしや休養といった"楽しむ"ことを推奨されてきた中で、帝京大学ラグビー部員は練習中も試合中も常に「楽しんでプレーしよう」を心掛けている。このチームスローガンの真髄を選手同士がコミュニケーションしている様子に見出している高校ラグビー関係者は多い。

　三つ目の「常に新しい価値を創造させている」という点では、部員の共通言語に「イノベーション」という言葉で"自分たちのチームの強さ"を表現する選手が必ず多数いる。チーム組織のイノベーションに関する詳細は後述するが、岩出監督は"体育会系の陳腐化した育成文化"に警鐘を鳴らしている。日本スポーツ界のみならず、社会で上に立つ大人たちは「厳しさだけが、真の強さをつくるわけではない」と訴え、今の指導者に足りないのはスポーツをする子どもたちに「まずはたくさんの幸せを感じられる環境づくりが大切」と語っている。日本社会にとって、スポーツがもつ価値を理解させ、スポーツを通じた人間形成を実現することは、我が国の新しい経済的満足を生み出す社会貢献となるであろう。帝京大学ラグビー部がつくっていく教育はその礎を形成し、イノベーションの重要性を具現化している。

2-2 チーム管理運営のマネジメント

　帝京大学ラグビー部のマーケティング戦略はドラッカーが唱える「販売を不要にする」であり、高校生や高校ラグビー部の指導者たちが「帝京に行くべき」という流れをつくりあげた。しかしスポーツの世界において、いわゆる民間企業とは違い「打倒帝京。一緒に帝京の連覇をとめよう」という勝負心が常につきものである以上、毎年のように高校ラグビー界のスーパースターが帝京大学へ進学してくるわけではない。第三者的な立場から帝京大学のラグビー部の新

第 2 部　大学スポーツ

入部員をみると、多少誤解を招くことを承知で言うと決して競技レベルが優れている人材を獲得できているのではなく、知性を持った優秀な高校生が進学しているのではないかと感じる。なぜなら、岩出監督がチームに徹底する「Wゴール（大学のゴールと社会のゴール）」という目標設定の特徴からもわかるように、決してラグビーだけで成功させようと教育をしているわけではない。学生たちには日頃から「社会で生きていく力とは、自分で考える力にほかならない」とし、在学中はとにかく“自分づくり”に徹する。人生を幸せに生きるには、未来を見据え、短期（大学 1 年生）中期（大学在学中）長期（社会に出てから）の目標設定をさせ、25 年先を区切りにすることを勧めているのだ。

　勝ち負けは相対の関係でおきる結果であり、その評価にとらわれすぎない教育方針に魅力を感じるのはインテリジェンスの高い生徒だと言えないだろうか。

　また、帝京大学ラグビー部のチーム管理運営のマネジメントで特筆すべき点として、時間の効果的な配分や見直しによって「生産性の高いチーム」を築いたことがあげられる。帝京大学は他大学の伝統校や選手権で決勝にあがってくる大学よりも強化費が必ずしも多いわけではない。9 連覇を達成している大学の強化クラブだから、さぞかし巨額のお金を費やしていると勘違いされがちだが決してそうではない。企業で例えれば、無駄な経費を削減して効率良いアクティブ環境を地道にマネジメントしたということである。具体的には、帝京のラグビー部は無駄に練習試合を組まず、移動にかかる費用などを血液検査や栄養面でのサポート体制を整える費用にあててきた。その結果、選手たちは数値化されたデータによって最適なコンディションで練習や試合に挑むことができている。スポーツを科学的側面から選手たちに納得させることで「余裕」を与えているのだ。練習量が他の強豪校より少ないと言われる帝京の優位性の源泉は、チームの管理運営方法にある。未だに日本の指導者たちは、貧血体質を持つ選手たちもごっちゃ混ぜにさせ（連帯感の育成として）、監督コーチ自身が設定する（根拠のない）根性論と過去の陳腐化したトレーニング理論をベースに仕切られている。

2-3 チームの“働き方”マネジメント
　企業や組織には、絶えず自らを社会の動きに適合させるためのマネジメント

が必要である。組織がイノベーションを創るための活動として「人材・仕事の
マネジメント」が重要とされ、適正な人事やモチベーションの植え付けを常に
刷新していかなくてはならない。

（1）全員がリーダーシップを持つこと

　帝京大学のラグビー部員は、自分たちチームの特徴を語るときに「全員がリ
ーダーシップを持っている」とよく口にする。これは、Wゴールを掲げなが
ら自分づくりに徹するチームの“文化”と言えよう。岩出監督も日頃から学生
たちに「ずっとラグビーだけをやって生きていくわけではない」と伝えている
ように、ラグビーの選手でありながら、帝京大学の場合は常に「社会が求める
こと」を意識させながら教育している。社会ではたしかにリーダーの素質を持
つ人材が重宝され、実際に「主将」「代表」「リーダー」であった大学生たちは
就職活動の中でその役職を「自分のアピール」として語ることも少なくない。
しかし、社会に目を向けてみると、決してたった一人の勝者を求めているわけ
ではなく、リーダーとは勝者を指すわけでもなく、チームを勝利に導く人材を
指すのだ。

　まずは“自分づくり”に重きをおいて1年生は自分のことだけに集中させる
生活を送らせるが、そこで必ず感じていくのが「上級生たちから頂いたものを
返したい」という行動である。4年生が掃除も食事当番も担当している「脱体
育会系組織（詳細は後述）」をつくりあげ、旧体育会的なスポーツ精神とは違
った現代風の人との繋がり方、社会状況に合った環境づくりによって上級生た
ちが「下級生たちに温かく接する」行動規範を確立させている。つまり、その
行動は献身ではなく、すべての部員にとって“貢献”という意識になっていく
のだ。自分のための行動が、結果的に他人や仲間のためになっていく循環をつ
くれば自然と「全員がリーダーシップを持つ」組織となる。

（2）多様性を重んじること

　大学スポーツ界の特徴は、各大学運動部のチームスタッフ（監督やコーチな
どのプロフィールをみれば一目瞭然だ）が異様に「卒業生（母校）に拘ってい
ること」、そして「外国人留学生（選手）のプレーを認めないこと」だ。大学
運動部が課外活動として位置づけられ、運営資金の獲得に少しでも卒業生の協

第2部　大学スポーツ

力を得なければならない状況は考慮するとしても、日本の体育会は旧態依然の体質のまま多様化を拒み、自分たちの聖域の中だけでスポーツをやろうとする傾向にある。

「チームや個人が最大限に力を発揮するための"場"をつくること」と話すのは Google 社で人材開発に携わったピョートル氏である。ご存知の通り Google はインターネット関連のサービスに特化した世界最大の多国籍テクノロジー企業だ。グローバル化、デジタル化が進む世の中で、これまでの価値観にとらわれない"ダイバーシティ経営"を推進させ、Google ユーザーの多様性に対応する企業理念が注目されている。このような企業が持つ経営方針は外資系企業だけではなく、日本社会全体でも謳われ続けてきた。小学校に英語教育が導入され、国際社会に伴うグローバル人材やダイバーシティなどといった表現に代表されるとおり、世間では「国際化に通用する人材教育」について議論が活発にされてきている。しかし、大学スポーツ界の運動部はこの流れに順応しているとは考え難い。体育会系の古き悪しき風習は何十年も続いている部活動が多く、明治期に外国から輸入されたスポーツは独自の日本オリジナル版として長らく変化を拒んできたのだ。大学は学生たちを社会に出す最終教育現場とする高等教育機関にもかかわらず、大学スポーツ界の現状はほど遠い状況にある。

　一方で、大学スポーツとしての魅力は大学の応援合戦かもしれない。神宮や秩父宮を盛り上げる大学スポーツは常に在校生や卒業生たちの「一致団結」とされる盛大な応援が特徴だ。当然、在校生の選手たちは大学の代表として誇りを持ってプレーしている。しかし、昨今日本における大学スポーツの価値をめぐって様々な議論がなされ、スポーツ庁では大学スポーツの活性化や産業化を念頭に再編を試みようとしている。大学スポーツもいよいよ変革の時期を迎えるにあたり、競技力向上（観るスポーツとしての価値向上）の変革にも意識を向けなくてはならないはずだ。そもそも、選手たちが指導者たちに求めることは「母校愛」ではない。もちろん、選手も指導者たちも出身校が同じ大学であることは士気高揚の影響がゼロではないはずだ。ゼロではないが、選手は競技力向上のために尽力をつくしてくれるチーム編成を求めているであろう。

　帝京大学ラグビー部は、部長や監督、コーチ陣らのスタッフの出身校に拘っていない。帝京大学卒業生もコーチ陣には在籍しているが、アスレチックトレ

ーナーやフィジカルコーチ、管理栄養士、総務系事務スタッフらは同校卒業生
ではない。また、選手には外国籍の学生もいる。ラグビーファンの方々がとき
に「帝京には外国人プレーヤーがいるから強いんだ」とコメントされているの
を散見するが、ラグビーが盛んな国から日本の大学に留学してきている外国人
と日本人が交流することに異論を唱える必要はあるのだろうか。日本人の学生
が時には英語で話し、必死に語学も学びながら同じ釜の飯を食べる寮生活は双
方にとって有益なものになっている。多様性を重んじる文化を形成した帝京大
学ラグビー部は、クラブ史上初の女性レフェリーも輩出させた。後に彼女はリ
オ五輪で7人制ラグビーの国際試合で日本人レフェリーとして笛を吹くことに
なった。

　企業や組織が多様性を重視する時代となったからこそ、スポーツの本質を改
めて追求し、大学スポーツだからこそ表現できる環境づくり（仲間づくり）が
できるはずだ。

(3) 余裕をつくらせること

　ドラッカーの「経営者の条件」では、成果をあげるためには“時間をマネジ
メントすること”が重要だと指摘されている。時間は最大の資源であるとわか
っていても、仕事をやりながら自分の時間が自分のものではなくなることに気
づき、奪われた時間が結局自分自身の仕事には何の役にも立っていないことを
悟る。ドラッカーは、時間をマネジメントする上で重要なのは、周囲から中断
されることのない連続した時間、つまり「まとまった時間をつくる」ことを要
求することだと述べている。新しい実績をあげる、サービスを創造する、今ま
でになかったことをやるといった「ゼロからイチにする作業」は、10分、20
分程度の時間捻出で何とかなるものではない。とかく、マネジメントができて
いない人間は、1日の中で自分の時間を20分や30分空けて対応する処理業務
しかおこなっていない、とすればその時間は何も意味をなさないと指摘してい
る。つまり、その時間が意味をなすのはゼロが既にイチへと出来上がってから
だということだ。

　帝京大学のラグビー部員には時間のかたまりを捻出させている。前述したと
おり、雑務はすべて上級生がやる組織に変え、生活面で余裕のない下級生たち
に自分のメンタルな強みと弱みを考えさせる「自分づくり」に徹する。ただし

第 2 部　大学スポーツ

自分のことにしか関心をもてないうちは、まだそれができたとは言えない評価がドされるチームマネジメントをしているのだ。おそらく、一般の企業でも「時間がとれない」だから「成果があがらないことはわかっている」という人たちは多いであろう。誤解を招くかもしれないので、表現を改めて丁寧に説明すると、帝京大学ラグビー部は余裕を与えて、好き勝手にさせているという感じではない。たしかに練習時間も短いし、練習試合も無駄にやらない。部員は全員朝から大学の講義を 1 限から 3 限までは必死に受けている。“好き勝手” ではなく、何？なぜ？どのようになっているの？などといった自問自答をさせる時間を与えていると言ったほうが正しいだろう。むしろ、まとまった時間と余裕を与えて「脳が疲れるまで考えさせる」ことが要求されている。岩出監督の指導方針でもある「考えさせて疲れる」というトレーニングに 5W1H を意識させて何度も振り返りをさせるものがある。サイクルとしては「考える→わかる→できる→楽しい」という循環で、クタクタになるまでフィジカルを鍛えれば勝てるというわけではないことを部員たちに指導している。

　今までの体育会系組織の常識を覆すようにして、何が成果としてあげられるのかを適正に判断し、現状の組織体制や制度を見直してイノベーションを行うべきであろう。

3　脱体育会系組織を築いたイノベーション

　帝京大学ラグビー部の成功の要因は「脱体育会系」を実施したことだ。変化に対応するためにマネジメントに重要なキーワードとして「イノベーション＝新たな価値の創造」があげられるが、いわゆる体育会系組織を撤廃した真の価値は “現代社会が求める、適合能力の育成” であると考えられる。イノベーションは、組織をあげて執拗に「変化」を注視し続けていくことから生まれる。

3-1 陳腐化した体育会系を廃棄させる
　大学の運動部、いわゆる体育会系の人材に社会が求めていたものは「従ずる」という精神ではないだろうか。大学運動部と聞いて明るい連想をする人は少なく、「先輩後輩の関係が非常に厳しい」「下級生は理不尽な要求をされる」「年がら年中厳しいトレーニングに耐えている」といった印象が強いであろう。こ

5 帝京大学ラグビー部の成功要因

のように、長らく世間のイメージを特殊化させた大学運動部は（もちろん高校の部活も含まれるが）良い意味でも悪い意味でも戦後の日本企業が取り組んだ終身雇用制度や年功序列に当てはまった。企業側だけではなく、日本の教育の歴史も大きく影響している。日本におけるスポーツは明治期に教育の目的を「知育」「徳育」「体育」に分けてしまった。当時の「体育の目的」は西洋人に劣る国民の体格改善とされ、まさに体を育むために実施されたいわゆる富国強兵政策の一環であった。スポーツ本来の意味を除外して、日本独自のスポーツ文化＝体育会系を形成してきたのだが、国際社会で生き抜かなくてはならないこれからの若者たちにとって良いのだろうか。社会がスポーツをやってきた若者たちに求める人物像へとしっかり成長させられているのだろうか。

　岩出監督は、チームづくりよりまずは"自分づくり"に焦点を当てている。そのための抜本的改革が脱体育会系であった。運動部にありがちな上級生が神様で、余裕のない新入生たちが怯えながら様子を伺う。端的に言えば「これはやっていいのかな？」と消去法のようにして半ば強引に自分を順応させることばかりを考えている。帝京大学の場合、ただ単に「従ずる」選手を育てるのではなく、「自分のことは自分で決める」ということを選手に強く求めているため、例えば1年生には好きなポジションをやらせている。やらせているという表現ではなく、やりたいポジションをさせて自分で考えさせていると言ったほうがいいかもしれない。一見何の変哲もない話だが、実は「なぜそのポジションをやっているの？」と問うと、ほとんどの選手たちは少年時代からチームの都合で何となくそのポジションをやってきたから、と答える子が多いのである。

　大学の運動部の指導者たちはプロスポーツチームとは違い、毎年学生たちが入れ替わっていく環境で指導しているため「まずはチームづくり」を念頭に指示することが多い。そこに「昨年と同じ」という陳腐化が潜むことになる。企業や組織にとって、陳腐化しているかどうかを点検する作業は怠ってはならないし、その確認は常に「変化し、新しくなり続ける社会に適応するかどうか」を確認することである。

　新しいことに挑戦するとともに、陳腐化したものを「廃棄」する意思決定力は、チームの指導者がもつポテンシャルに大きく左右されるかもしれない。

73

第 2 部　大学スポーツ

3-2 大学ラグビーが発信する新しい価値

　ラグビーという競技は野球やサッカーとは違い、監督が選手の側で声を張り上げてモチベーションを上げたり、直接選手たちに試合中は指示ができないスポーツである。ラグビーの試合では、監督は基本的にグラウンドに下がらず観客席から試合を観ているのだ。グラウンドで戦っている選手たちは試合の流れを都度読みながら、どんなシーンでも自分たちで判断を出していかなくてはならない。つまりラグビーは「最も自分たちで考えて行動しなければならないチームスポーツ」なのだ。

　冒頭でも述べたが、これまで数多くの企業スポーツが休部・廃部してきたのにもかかわらずラグビー部だけは生き残っているのは、ラグビーの競技の特性にあるかもしれない。急激に変化していく社会の中で、企業が求める人材と重なり合うものがラグビーには存在しているように考えられる。事前に相手を分析して戦術を練るが、実際の試合には通用しなかったとする、ならばグラウンドでプレーしている 15 人全員がその場で考えて再度戦い方を決定しなければならないスポーツなのだ。

　日本ラグビーの最高峰は「トップリーグ」で、所属する選手たちのほとんどが大卒である。近年ではトップリーグ選手たちは「社業が主であり、ラグビーは従」という社員契約ではなくなってきているが、帝京大学ラグビー部のように、学生たちはラグビーを通じて社会の動きに最も適合する教育を受けているというメッセージが発信できれば、日本ラグビー界だけではなく、大学スポーツ全体の価値向上に貢献できる可能性は大いにあるはずだ。

3-3 日本の働き方を変えられる人材の宝庫

　上述した大学ラグビーの価値は、帝京大学の成功の要因を参考にして「日本の働き方改革に貢献できるスポーツである」と具体的に提言ができるのではないだろうか。

　日本では少子高齢化により、労働人口の減少が懸念されている。この問題は決してスポーツ界も無関係ではない。主要先進国と比較すると人口減少問題を抱えているのは日本だけであり、労働生産性（1 人が 1 時間に生み出す GDP）を比較すると、ドイツは日本の 45.5 ドル（5,278 円）を約 46％も上回る 66.6 ドル（7,726 円）である（OECD 調査, 2015）。この OECD（2015）の調査に

よると、特にドイツは労働時間が最も短く、労働者1人あたりの年間労働時間は世界最小の国だ。さきほどの労働生産性という観点でデータを見直すと、G7（主要7ヶ国：フランス、アメリカ、イギリス、ドイツ、日本、イタリア、カナダ）の中で日本は最低の結果となっている。つまり、日本人は自由時間を犠牲にして働いているわりには国民一人あたりの労働生産性も可処分所得もかなり低く経済が上向かない状態にある。

しかし、これまでに検証してきた帝京大学ラグビー部の価値を鑑みると、大学スポーツ界は運動部の経験を通じて生産性の高い人材を育成していると言える。

4　おわりに

岩出監督は自身の著書（「負けない作法」、2015）で、チームが負けないための極意として「二軸思考を意識すること」だと語っている。自分を常にニュートラルな状態に置き、どのような局面が起きても心身のコンディションを中立にさせる能力を育成させているのだ。帝京大学のラグビー部は試合中に負けていても、逆転する底力がすごいチームだと称賛されることが多い。このメンタルを選手たちに植え付けられているのも、日頃から二軸思考でトレーニングを重ねているからだと言う。スポーツの試合では、負けの原因は自分がつくり、勝ちの要因は相手がくれるとされている。勝ち負けや自分の強みや弱みに偏るのではなく、ニュートラルな意識で自分づくりを徹底された全員リーダーの集団だからこそ負けないのであろう。

最後に。本稿では取り上げなかったが、ドラッカーは「経営者の条件」で人材を生かす条件として「知識労働者に責任とやりがいを与えるには、トップやリーダーが、周囲の知識労働者と上手にパートナーシップを確立していく必要がある」と述べている。岩出監督と著者の出会いは2015年に遡り、経済学部でスポーツマネジメントを専攻する（体育科系組織とは無縁の）大山ゼミ生たちとコミュニケーションを図ってくださったことからはじまった。帝京大学ラグビー部の公式インスタグラムを立ち上げ、コンテンツの企画運営に携わった経済学部の学生たちは、後に大学ラグビー界で最多フォロワー数とエンゲージ

第2部　大学スポーツ

メント率を誇る媒体にまで成長させたのだ。外部との接触を拒まず、パートナーシップというかたちで次々とステークホルダーを増やしていくマネジメントを、大学スポーツ界全体の発展のために参考にしてほしいと考える。

【文献】
P.F. ドラッカー（2000）『チェンジ・リーダーの条件―みずから変化をつくりだせ！―』ダイヤモンド社。
P.F. ドラッカー（2000）『プロフェッショナルの条件―いかに成果をあげ、いかに成長するか―』ダイヤモンド社。
P.F. ドラッカー（2001）マネジメント エッセンシャル版―基本と原則―』ダイヤモンド社。
P.F. ドラッカー（2006）『経営者の条件』ダイヤモンド社。
P.F. ドラッカー（2017）『われわれはいかに働き　どう生きるべきか―ドラッカーが語りかける毎日の心得、そしてハウツー―』ダイヤモンド社。
岩出雅之（2010）『信じて根を張れ！楕円のボールは信じるヤツの前に落ちてくる』小学館。
岩出雅之、森吉弘（2015）『負けない作法』集英社。
竹石健（2017）『やるべきことがよくわかる　ドラッカー式マネジメント入門』イーストプレス。
熊谷徹（2017）『5時に帰るドイツ人、5時から頑張る日本人―ドイツに27年住んでわかった定時に帰る仕事術―』SB クリエイティブ。
沢渡あまね、奥山睦（2018）『働き方の問題地図―「で、どこから変える？」旧態依然の職場の常識―』技術評論社。

6

ラグビー史における
アマチュアリズムとエクセレンス

石井昌幸 (早稲田大学)

1 はじめに

　ラグビーというスポーツは、アマチュアリズムという思想を長い間その「エクセレンス」の基盤としてきた。そしてそれは、この競技を生んだイングランドの上層中流階級におけるエクセレンスのあり方と不可分の関係にあった。しかし、21世紀になって、そのようなラグビー的なエクセレンスのあり方が、根底から揺らいでいるように思われる。本稿では、ラグビーの誕生から、サッカーとの分岐、ユニオンとリーグの分裂、プロ化容認までの歴史を瞥見しながら、最後にそれを日本の大学ラグビーの変遷と照らし合わせて眺めてみることにしたい。

2 ラグビー史におけるふたつの神話

「ウィリアム・ウェブ・エリスの功績を記念する碑。彼は、当時のフットボールのルールを見事に無視し、初めてボールを両手に抱えて走った。そうして、ラグビー・ゲームの独特な形態を生み出した。紀元1823年。」

　ラグビー発祥の地、イングランドのラグビー校には、いまでもこのように書いた碑が入り口の壁に埋め込まれている。この碑文から、ラグビーが一人の少年の行為から生まれたという「神話」が定着した。しかし、この碑の文言が史実でないことは、いまでは広く知られている。現代のスポーツ史研究では、当

第 2 部　大学スポーツ

時エリスという少年はたしかに在籍していたが、彼が「ボールを両手に抱えて走った」ことを裏づける歴史的な証拠はないことがわかっている。

この碑が設置されたのは 19 世紀末のことで、それにはある背景があった。この点についてはのちにもう一度触れることにして、ラグビー校をめぐるもうひとつの神話についても述べておきたい。19 世紀前半に同校の校長を務めたトマス・アーノルド（1795 ～ 1842 年）が、「スポーツを通じての人格教育」を始めたというものだ。じっさい、近代オリンピックの創始者クーベルタンもそう信じて何度もラグビー校を訪問した。しかし、これも事実ではない。パブリックスクールでスポーツが教育に取り入れられ始めるのは、アーノルドの弟子世代の校長たちからで、彼自身にはスポーツを教育に用いようという考えはなかった。

では、アーノルドの名はなぜ有名なのか。それは、彼が行なった学校改革が、本書の文脈に即して言うなら、結果として学校マネジメント上のエクセレンスを生み出すことになったからである。そしてそのことが、ラグビー、ひいてはスポーツというものが広い社会的承認を受けることにもつながった。アーノルドが創出したエクセレンスとは、端的に言えば、新たに勃興した産業社会のエリート、都市上層中流階級の倫理モデルを作り出したことであった。

アーノルドは、1815 年にオックスフォード大学を卒業後、1828 年にイギリスのパブリックスクール（イギリスの支配階級を養成した私立のエリート中等教育機関）、ラグビー校の校長として赴任した牧師である。以後、1842 年に没する直前まで、いわゆる「アーノルド改革」を推し進めた。彼の教育理念の骨子は、「クリスチャン・ジェントルマン」の育成という点にあった。もちろん、ラグビー校の生徒はもともとキリスト教徒である。それなのになぜ、彼らをあえてキリスト教徒に「育成」しなければならなかったのか。

アーノルドの考えるキリスト教とは、18 世紀後半頃から次第に力を持ち始めてきた福音主義的なキリスト教であった。福音主義は、17 世紀の清教主義の再来と言われる思想で、勤労を美徳とし、聖書に書かれた徳目を日常生活のなかで字義どおりに実践しようとする禁欲的で謹厳実直なものであった。そのような価値観をもつアーノルドからみると、改革前のラグビー校の生徒たちは、とてもキリスト教徒とは見えなかったのである。

ジェントルマンと総称されたイギリスの伝統的支配階級は、土地資本を基盤

6 ラグビー史におけるアマチュアリズムとエクセレンス

とし、所領からの地代収入によって暮らす有閑階級(レジャークラス)であったが、日本の武士などとは違い、18世紀頃までにはその多くが投資家ともなっていた。当時のイギリスは、度重なるフランスとの植民地争奪戦に勝利し、すでに貿易帝国を成立させていた。そのようななかで植民地貿易会社の株や公債に投資したのが彼らであった。

　投機的な時代の空気のなかで、ジェントルマンたちは盛んに賭けをした。競馬、闘鶏、ボクシング、クリケットなどのスポーツは、格好の賭けの対象であった。18世紀後半から成立する初期のスポーツ・クラブは、そうしたジェントルマンが賭けを楽しむ場であった。彼らはクラブで酒を飲んで酩酊し、ときに卑猥な歌をうたい、そこには娼婦さえ出入りした。このような遊び人、粋人の若者たちは、当時「スポーティング・ジェントルマン」と呼ばれた。アーノルドは、自らの教育を「目に見える悪との戦い」と呼んだが、彼が敵視した「目に見える悪」とは、支配階級の若者のそうした放埒な文化であった。彼が作り出そうとしたクリスチャン・ジェントルマンは、そのような悪弊に染まらない、新時代のエリートであった。

賭けボクシングのためのクラブ、ピュジリスティック・クラブに集うスポーティング・ジェントルマンたち。時計の針は12時をまわっている。酩酊する男性を介抱しているのは、おそらく娼婦。
Dennis Brailsford, Bareknuckles: A Social History of Prize-Fighting, Lutterworth Press, 1988, p.92.

79

第 2 部　大学スポーツ

　行動に社会的意味や目的志向性を与え、エリートとしての使命感と責任感を
自覚させること。これが、アーノルドの「クリスチャン・ジェントルマン」の
意味であった。それは、ほんらいは生産活動に従事しない貴族的有閑階級であ
るジェントルマンの子弟に、中流階級的勤労の倫理、すなわち生産者の美徳を
植えつけることでもあった。アーノルドの教育理念は、産業革命、アメリカ独
立、フランス革命といった時代の趨勢に対応しつつ、第 1 次選挙法改正や穀物
法撤廃などの中流階級の権益を反映した諸改革とも連動するものであった。
　アーノルド改革は、全国のパブリックスクールに波及した。産業革命と植民
地貿易の増大を背景に豊かになった中流階級の富裕層は、改革を経たパブリッ
クスクールに競って子弟を送り始めた。こうして、19 世紀後半のイギリスでは、
「パブリックスクール・ブーム」が起こる。伝統校は定員を拡大し、従来はパ
ブリックスクールと呼ばれなかった古典語文法学校（グラマー・スクール）も、施設の拡充などを図っ
てパブリックスクール化し、新設校も次々と作られた。パブリックスクールと
オックスフォード・ケンブリッジ両大学（以下オックスブリッジと略す）を舞
台に、伝統的な地主層と新興のブルジョワ層の子弟がともに学び、新しい支配
階級（ジェントルマン）として君臨するという体制が成立したのである。

3　サッカー協会とラグビー・ユニオン

　1850 〜 60 年代になると、アーノルドの薫陶を受けた生徒たちが、大学を経
て、教師としてパブリックスクールに赴任する例が出てきた。ラグビー校は学
校改革発祥の地として知られていたから、その弟子たちを迎える新興校は多か
った。やがて彼らは、自らの学生時代に経験したスポーツが教育に有効である
と考えるようになる。スポーツ、とりわけクリケット、フットボール、ボート
などの集団スポーツを通じて、男らしさ、忍耐力、集団精神、フェアプレーの
精神などを養うことができるという積極的な意味がスポーツに見出されたので
ある。「アスレティシズム」と呼ばれるこの思想は、世紀末に向かって、帝国
主義下で植民地経営にあたる人材輩出の要請とも連動しながら、異常な過熱状
態をみせた。19 世紀末のイギリスでは、パブリックスクール教育の根幹がス
ポーツによる人格教育にあるかのような様相を呈する。各校はスポーツの組織
化と拡大に乗り出し、「ゲーム・マスター」と呼ばれる若いスポーツマン教師

80

6　ラグビー史におけるアマチュアリズムとエクセレンス

が採用される場合もでてきた。

　形態としては「遊び」でありながら、同時に闘争的であり、そこに禁欲的な倫理やさまざまな振る舞いのコードが織り込まれた近代スポーツというものの思想的基礎は、こうして成立した。競争と協働が、スポーツ、なかでもラグビーのエクセレンスとなったのである。

　アスレティシズムの背景には、「世界の工場」としてのヴィクトリア時代（1837〜1901年）の心身観があった。「健全なる精神は健全なる身体にやどる」という身心壮健の思想は、この時代の担い手だった上層中流階級のいわば強迫観念であった。また、この頃のパブリックスクール教師や牧師、著述家などには、「筋肉的キリスト教徒」と呼ばれる人びとが数多くみられた。それは、体系化された宗教思想ではないが、大枠で共通する独特な思想傾向を持つ人びとの通称で、強壮な身体の礼賛、「男らしさ」の宣揚、スポーツの推奨、英雄崇拝の是認、知育よりも徳育・体育を重視する態度などを特徴とする。彼らは、社会改良、とりわけ労働者階級の道徳改良に積極的にコミットしようとする、言うなれば「行動派キリスト教徒」であった。

　このような社会背景の下、1863年の秋に、それまで学校ごとに別々のルールで行われていたフットボールに、共通ルールを作るための会議が、ロンドン周辺のクラブと学校の代表者によって6回にわたって開かれた。会議のメンバーは「フットボール協会（FA）」と名乗り、統一ルールづくりを進めたが、ボールを「持って走る」という点と「ハッキング（相手の脛を蹴る）」を禁止するという点で、ラグビー校支持派と、イートン校やハロー校の出身者を中心とするグループとで折り合いがつかず、結局ラグビー派はFAを脱退した。

　ラグビーフットボール・ユニオン（以下ユニオン）が設立されたのは、1871年のことである。さまざまだったフットボールは、複数のクラブやパブリックスクールの連合体であるアソシエーションの「協会（FA）式」（すなわちサッカー）と、ラグビー校式のフットボールを支持する同志による同盟、ユニオンの「ラグビー式」に集約されることになった。

4　大分裂 Great Split

　ユニオンが設立された1871年、FAは、サッカーの全国トーナメント FA カ

第 2 部　大学スポーツ

ップを開始した。誰でもがエントリーできるオープン大会であった FA カップ
の参加チームは、1883 年には 100 チームとなっていた。そしてこの年、イン
グランド北部ランカシャの労働者チーム、ブラックバーン・オリンピックが、
パブリックスクールの名門イートン校の OB チームを破って優勝した。その後
FA は 1885 年にプロの容認に踏み切り、1888 年にはプロサッカーの団体「フ
ットボール・リーグ（FL）」がスタートした。

　逆にイングランド・ラグビー界は、1895 年の夏にいわゆる「大分裂」を経
験する。ラグビーは、1880 年代初め頃までにはイングランド北部の労働者階
級にも広く普及していた。すでに 1870 年代の終わり頃から、全国各地で州
内トーナメントも組織されている。その中で最も大規模だったのが、1877 年
に開始されたヨークシャ・カップであった。開始年の 1 回戦のある試合には
8000 人の観客が集まり、翌年の決勝戦には 1 万 2 千人が詰めかけて、その数
は年々増え続けた。マンチェスターやリヴァプールなど、現在ではサッカーで
有名な街を擁するランカシャ（ヨークシャの西隣）でも、当初はラグビーのほ
うが人気であった。この頃までには、貿易・金融の中心地ロンドンを中心とす
る南部はアマチュアの牙城であり、ランカシャ、ヨークシャ、カンブリアなど
のイングランド北部は労働者階級（プロ）の世界という対抗図式ができあがる。

　1889 年からは、ユニオン主催で全国州対抗選手権が始まるが、その最初の
9 シーズンでは、ヨークシャが 8 回、ランカシャが 1 回と、いずれも北部の
州が優勝している。イングランド代表も、1890 年代の初めまでには次第に北
部の労働者階級出身選手に多くを負うようになっていた。4 カ国対抗戦（シッ
クス・ネイションズの前身）開始年の 82 〜 83 シーズンに全勝優勝して以来、
二度目の全勝優勝を果たした 1892 年のイングランド代表には、常時 8 〜 10
人の北部の選手が出場していた。ユニオンの幹部たちは、この状態を快く思わ
なかった。彼らにとってラグビーとは、ラテン語文法とともに芝生のグラウン
ドで学ばれるべきものであった。それが、「読み書きそろばん」を身につけた
だけで社会にでて、工場や港湾や炭鉱で働き、道路や空き地や公園でラグビー
を覚えた若者たちに主導権を奪われる可能性がある。

　南部のアマチュアと北部のプロの対抗関係は、金銭を受け取るかどうかを超
えた、階級とその文化の問題であった。「アマチュア」という言葉は 19 世紀後
半頃から一般化するのだが、ほんらいは、たんに「プロ」の対義語というだけ

82

6 ラグビー史におけるアマチュアリズムとエクセレンス

ではなかった。というのも、アマチュアは、その語源のとおり、「愛好者」という意味で、余暇活動として行なう行為で金銭を受け取らないというだけでなく、伝統的なジェントルマン像の一部である「ルネサンス的全人」という理想をも反映していたからである。彼らは、何かひとつのことに特化してその道を極めることを尊ぶという志向性を持たなかった。同じ支配階級のエクセレンスでも、日本の武士道とは決定的に異なる点である。

　アマチュアは、学生時代には夏はクリケットやボート、冬はフットボールを行い、合間をぬって陸上競技やスカッシュで汗を流し、社会人となってはテニスを楽しみ、休日には狩猟や銃猟やゴルフにでかけた。スポーツだけではない。学生時代はアマチュア演劇でシェイクスピア作品に出演し、韻律詩を詠み、男声合唱団で歌い、ピアノやバイオリンも少しだけ弾くことができる。文学や音楽、絵画について一家言持っていて、文章のなかにラテン語の金言や成句を引用する「万能人」であった。もちろんそうした姿は理想であり、理念であって、ほとんどのアマチュアは「器用貧乏」だったわけだが、そんな彼らにとって、ラグビーならラグビーだけを行なって、しかも金銭を得るプロの行為は「スポーツ」とは呼べないものであった。「アマチュア」とは、特に 19 世紀後半以降に、ミドルクラスが自分たちの階級的自意識に基づき、「ジェントルマン」の同義語として生み出した、新たな階級用語だったのである。

　それならば、労働者階級の選手を最初から排除してしまえば良かったのではないか。じつは、ユニオンの幹部たちは、当初は労働者階級へのラグビー普及に積極的であったし、彼らの参入を歓迎した。なぜなら、多くが「筋肉的キリスト教徒」だったジェントルマン＝アマチュアにとって、ラグビーをつうじて労働者階級に道徳性を広めることは自分たちのミッションであると観念されていたからである。ラグビー校出身者には、特にその思いは強かったであろう。自分たちが教え、コントロールできるうちは、彼らは労働者階級のラグビーへの参入を問題にはしなかったが、ラグビーも、急速な普及のなかでサッカーと同じような状況になってきた。アマチュアリズムが、金銭を受け取らないという部分を強調しながら「イズム」として強調されだすのは、この頃からである。

　北部労働者チームの台頭に危機感を強めたユニオンは、1886 年 10 月の年次総会で、選手への金銭の支払いを全面的に禁止した。ブロークンタイム・ペイメント（試合や練習等で仕事ができなかった際に、その分の賃金をクラブが補

第2部　大学スポーツ

償する方法）はもちろん、旅費や経費、金銭以外のインセンティヴもすべて禁止された。ここにラグビーにおける「アマチュアリズム」が、制度として確立した。この規程は、現代のドーピング・チェックを想い起こさせるほどの厳格さで施行された。いかなるかたちであれ、支払いを受けた選手は出場停止または除名となった。ユニオンの幹部たちが、ライバルであるサッカーを意識していたことは間違いない。ラグビー側からみれば、前年にプロ解禁を決定していたサッカー界のマネジメントは、明らかな失敗とみえたのである。

　それまでラグビー普及の勢いは、北部においてもサッカーを凌いでいた。たとえば 1880 年、新聞『タイムズ』は、「ラグビー・ユニオン式ゲームをプレーする人は、おそらく、FA 式ゲームをプレーする人の 2 倍いるであろう」と述べている。しかし、10 年後の 1890 年、マンチェスターの地方紙に寄稿したあるラグビーファンは次のように書いた。「FA 式ゲームは、ゆっくりと、だが着実に我われのベスト・プレーヤーたちを奪っていっている。彼らは金銭を得られる方でプレーするからだとしか考えようがない。」じっさい、当時ラグビーのイングランド代表だったジョン・サトクリフは、1889 年にアマチュア規程違反で所属していたラグビー・チームが出場停止になると、サッカーの強豪プロ・チーム、ボルトン・ワンダラーズに移籍したのだった。

　1893 年 9 月、ユニオンの年次総会が、ロンドンで開かれた。演台に立ったヨークシャ代表の科学教師ジェームズ・ミラーは、彼自身はアマチュアであったが、「内実のあるブロークンタイム・ペイメントは認める」という動議を提出した。「時代は変わった」というのが彼の持論であった。すでに 1891 年の『ヨークシャ・ポスト』紙において、彼は「ラグビーはパブリックスクールと有閑階級だけのものではなく、いまや大工業都市の賃金生活者のための大衆スポーツともなった」と論じた。「なぜ、労働者がジェントルマンと同じ条件でプレーできるようにしてはいけないのか？」と主張するミラーに対して、ニューカースルの実業家ウィリアム・ケイルは、選手への支払いを認めることは、選手を家畜のごとく売買することにつながるし、事実サッカーではそうなっていると反論した。北部は別団体を作ればよいと唱える者さえいた。アマチュアリズム支持派は、地盤であるロンドンとその周辺に動員をかけていたし、パブリックスクールや大学の代表者も当然アマチュアを支持した。北部側は、ヨークシャから 12 両の特別列車を仕立て、途上の町からも多勢の代表が合流してロン

6　ラグビー史におけるアマチュアリズムとエクセレンス

ドンに乗り込んだが、及ばなかった。結局、ミラーの動議は 282 対 136 で否決された。

　この総会後も、北部ではアマチュア規程違反で資格停止となるクラブが相次いだ。1895 年夏には、ユニオンはさらに強硬な宣言をする。「プロ」の嫌疑をかけられた選手およびクラブは、自らその潔白を証明できない限り規程違反とするというのであった。これを受けて、同年 8 月 29 日木曜日夕方、ヨークシャのハダーズフィールドに北部を代表する 20 クラブの代表が集まり、プロ化を認める「北部ラグビー・フットボール・ユニオン」を結成した。すでに方向性は決まっていたらしく、その週の土曜日には、22 チームからなる新リーグがスタートしている。90 年代末までには、北部ユニオンはヨークシャ、ランカシャとカンブリアのほとんどすべてのクラブを傘下に入れた。

　こうして、ユニオン結成から四半世紀ほどで、ラグビーは我われが知る 15 人制の「ユニオン式」と、のちに 13 人制をとることになる「リーグ（北部ユニオンから改称）式」とのふたつに分かれた。これが、イングランド・ラグビー史におけるいわゆる「大分裂 Great Split」の顛末である。

　分裂前、ユニオンに加盟する 416 の社会人クラブのうち、ヨークシャとランカシャのクラブは 48 パーセントにのぼっていた。かりに北部の加盟クラブが団結してアマチュアリズム撤廃に動いたら、「ラグビー精神＝アマチュアリズム」は崩壊することになる。同じ時代に、労働組合運動は世界的にもますます盛んになり、労働者政党は議会に進出しようとしていた。ミドルクラスにとって労働者階級は、もはや教え導く対象を超えて、ライバルとなっていたのである。ラグビー校にエリス少年を讃える碑が設置されるのは、この時期のことである。その背景にはラグビーの起源をアーノルド以前に措定することで、アマチュアリズムというエクセレンスを墨守しようとする、ミドルクラスの階級意識があったのである。

5　アマチュアリズムの黄昏

　ユニオン式ラグビーでは、戦後になっても 1950 年代半ば頃まで、依然としてイングランド代表選手の多くがオックスブリッジ出身者であり、両校の対抗戦は 5 ケ国対抗の代表選手選考にも用いられていた。しかし、1950 年代中葉

85

第 2 部　大学スポーツ

から、リーズ大、ダラム大、マンチェスター大などの新設大学や、ラフバラ大
やセント・ルーク大（エクセター）のような体育コースを持つ大学が台頭する
ようになり、逆に、オックスブリッジのラグビーは弱体化していった。1960
年代になると、大学チームが社会人クラブと渡り合うことも難しくなる。

　同じ 1960 年代頃から、19 世紀に形成されたイングランドのミドルクラス的
価値観、パブリックスクールとオックスブリッジの出身者による文化資本と社
会関係資本を基盤としたビジネスのあり方が、ゆっくりと崩れ始めた。この変
化は、1979 年にサッチャー保守党政権が誕生すると一気に加速する。1986 年
には、サッチャーによる証券制度改革がロンドン証券取引所を中心とするシテ
ィ（ロンドンの金融街）にいわゆる「ビッグバン」をもたらした。大規模な規
制緩和と自由市場の原理がシティにも導入され、伝統校の OB ネットワークに
よる商取引慣行は大きな打撃を受けた。

　金融ビッグバン翌年の 1987 年、第 1 回ラグビー・ワールドカップが開催され、
イングランドではユニオン式ラグビーにおいても総当たり（いわゆるリーグ）
戦方式が導入された。本稿が多くを依拠しているラグビー史家トニー・コリン
ズは、この年を「ラグビー界におけるビッグバン」と呼んでいる。規制緩和の
一環として、1991 年、ユニオンは WHJ プロモーション社と契約した。WHJ は、
試合後のインタビューに 5000 ポンドを要求する方針を打ち出したが、BBC は
これを拒否。代表チーム側はインタビューに応じないという対応にでて物議を
醸した。

　このような流れの中で、1995 年 8 月、国際ラグビー評議会（IRB）は、つ
いにプロを認め、あらゆる支払いや手当の制限を撤廃した。それは、ユニオン
とリーグが分裂してから、あと 2 日でちょうど 100 年目にあたる日の出来事
であった。

6　むすびにかえて：世界ラグビーの動向と日本の大学ラグビー

　IRB がプロを容認した 1995 年の 9 月、日本ラグビー界の「巨人」が他界した。
大西鐵之祐（1916 〜 1995 年）である。言うまでもなく大西は、早稲田大学教
授を務めるかたわら、日本代表監督、早稲田大学監督を歴任した人物である。
日本流アマチュアリズム最大のイデオローグとも言える大西の死が、世界のラ

86

ビー界がプロを容認したのと同じ年であったのは象徴的であろう。翌96年
5月には、明治の元監督北島忠治（1901 ～ 1996）も95歳でこの世を去った。

　日本ラグビーの人気の頂点にあったのは、長いあいだ大学ラグビーであった。
そして、その中心には常に早稲田、慶応、明治の伝統校が位置していた。「対抗戦」
という独特の方式（互いに「同格」と認めた学校同士が行なう定期戦の集積を
もって最も強いチームを決める）は、イングランドのパブリックスクール、オ
ックスブリッジから輸入した方法である。だから戦前からのラグビー関係者た
ちは、リーグ戦方式はもとより、当初全国トーナメントの開始にすら難色を示
した。

　これをサッカーと比較してみると面白い。全日本大学サッカー選手権は、ラ
グビーの約10年前、1953年に始まった。第1回大会で東大が優勝して以来、
第10回大会頃までは、立教、東京教育（現筑波）、早稲田、中央、明治、慶
応などが優勝を争っていたが、すでに第4回大会で東北学院大が準優勝。第5
回防衛大学、第6回鹿児島大学がそれぞれ4位を占めたのをはじめ、早い段
階から早慶明をはじめとする伝統校のプレゼンスが崩れ、すでに1980年代
には、そうした大学が優勝から遠ざかるケースが増えてきている。

　ラグビーにおける早慶明の寡占状態が崩れた最初の例は、1969年の第6回
全国大学ラグビーフットボール選手権大会での日本体育大学の優勝（78年に
も優勝）である。1980年には同志社大学が関西の大学として初めて優勝し、
82、83、84年と3連覇している。しかし、両校のラグビー部の歴史は古く（日
体大は1933年創部、同志社は1911年創部）、早慶明との定期戦を行っていな
いとはいえ、むしろ伝統校と言えるであろう。

　その意味では、1986年に大東文化大（1963年創部）が全国大学ラグビーで
初優勝したのが、最初に新興校が台頭した例と見ることができる。奇しくもこ
の年は、イングランドの金融ビッグバンの年である。同大学は、第1回W杯
翌年の88年にも優勝（明治と両校優勝）し、91年準優勝、94年にも優勝を
飾っている。関東大学ラグビー「リーグ戦の部」でも、大東文化大は1986年、
87年、88年とで3年連続優勝を遂げているが、その大躍進の原動力は、トン
ガ人選手であった。トンガ人選手加入の背景については、文化人類学者ニコ・
ベズニエによる興味深い研究がある。彼らはもともと、算盤を学ぶために来日
したトンガの国費留学生であった。

第 2 部　大学スポーツ

　春口廣率いる関東学院大（1960 年創部）が 10 年連続で全国大学選手権の決勝に進出し、うち 6 回に優勝するのは、1997 年から 2006 年にかけてである。その関東学院の前に立ちはだかったのが、2001 年に清宮克彦が監督となった早稲田だった。早稲田は、2003 年、13 年ぶりに大学選手権で優勝すると、05 年と 06 年には連覇を遂げた。

　しかし、伝統校早稲田の復活の背景にも、時代の変化は見てとれる。社会人ラグビーでは、2003 ～ 04 シーズンからジャパンラグビートップリーグが開始されており、連覇を置き土産に早稲田を去った清宮はトップリーグ、サントリー・サンゴリアスの監督に就任した。大学ラグビーの監督がそのまま社会人リーグの監督に移籍したのは異例のことであった（大西と北島、春口から帝京大学（1970 年創部）の岩出雅之らはみな大学教員である）。

　2000 年代以降の日本ラグビーでは、トップリーグの開始、帝京の大学選手権 9 連覇、2015 年 W 杯における日本代表の南アフリカ代表戦での大金星、2019 年の W 杯招致と、さまざまな新しい流れが起こっている。ラグビーという競技は、アマチュアリズムという思想を長いあいだそのエクセレンスの核としてきたが、こうした変化は、その歴史における世界的大転換の一部として見ることができるであろう。日本の大学ラグビーも、この未曾有の変化のただなかにある。そこでは、何をもってエクセレンスとするのかの観念も、この 30 年ほどで大きく様変わりしたようにみえる。そのことを、日本社会全体におけるエクセレンス観念の転換に照らしながら検討してみることは、今後、日本ラグビーの社会史的研究として、行なわれる必要があるであろう。

【主要引用・参照文献】
1)　ニコ・ベズニエ、北原卓也「在日トンガ人ラグビー選手：グローバルな移動とスポーツ」、『季刊・民族学』、130（2009 年秋）、48 ～ 54 頁。
2)　ラグビー史に関する本稿の記述は、その多くをトニー・コリンズによる以下の研究書に依拠している。
　　Tony Collins, *A Social History of English Rugby Union*, Abingdon: Routledge, 2009.
　　Tony Collins, *The Oval World: A Global History of Rugby*, Bloomsbury Sport, 2016.
　　Tony Collins, *Rugby's Great Split: Class, Culture and the Origins of Rugby League Football*, Frank Cass, 1998.

7

米国NCAAの動向と日本への示唆
―「教育」と「興行」のパラドクス―

川井圭司（同志社大学）

1 はじめに

　大学スポーツを振興するには、人気を高めることが肝要である。これは、一見、もっともな言説にみえるが、「興行（見るスポーツ）」として発展するにつれ、主眼としていたはずの教育的価値が後退していくというパラドクスが存在する。しかも、この問題を自律的に是正するのが困難になっていく。というのが米国NCAAの動向からの示唆である[1]。アメリカでは、各大学の放映権ビジネスをNCAAが規制することは反トラスト法違反とする連邦最高裁判決が下され、それ以降、大学スポーツの商業化が加速し構造的パラドクスが肥大していった。この判決が下された1984年は、奇しくもスポーツの商業化が一気に加速したロサンゼルス・オリンピックが開催された年である。レーガン政権が市場原理にもとづく経済政策を重視しはじめた時期である。NCAAはTV放映権料などから年間9億ドルを超える収益を上げ、MLB、NFL、NBA、NHLという4大プロリーグに匹敵する市場価値を有する「興行」として発展を遂げたのであった。そのアメリカ大学スポーツは今、学校スポーツの基本原則たるアマチュアリズム崩壊の危機に直面している。2014年、「学生選手は労働者である」との判断が行政機関で下され、他方、学生スポーツで大学が利益を得ながら、アマチュアリズムを根拠に学生選手への分配を否定するのは違法であるとの判断が司法で下されるに至ったからである。

　この間、日本では、スポーツ産業の拡大を目指す政策の中に、大学スポーツが位置づけられた。スポーツ未来開拓会議では、国内のスポーツ関連市場を

第 2 部　大学スポーツ

2025 年までに、約 3 倍の 15 兆円に拡大するという目標を掲げ、アマチュアスポーツでは、大学スポーツを中心に、3,000 億円の市場規模を目指している。この 3,000 億円という額は実に現在のプロスポーツの市場規模である。つまり、8 年後には今のプロスポーツに匹敵する市場規模を目指す、というわけである。これを受ける形で、文科省・スポーツ庁は、2016 年 4 月より、「大学スポーツの振興に関する検討会議」を開催し、大学スポーツの収益化、経済活性化等をキーワードに議論を進めてきた。

　ロス五輪と東京五輪、レーガノミクスとアベノミクス。大学スポーツをめぐる 1984 年のアメリカの社会背景は、今の日本と多くの点で共通している。そこで、本章では、米国 NCAA の歴史的経緯を紐解き、商業化と教育の関係に着目し、さらに近年、アメリカ大学スポーツが直面した法的な問題と課題について明らかにしたうえで、日本版 NCAA 創設の議論で留意すべき点について整理したい。

2　大学スポーツを統括するNCAAの役割

　米国 NCAA が設立されたのは、1906 年のことである。当時、アメリカンフットボールで多数の死傷者が発生したことに対して、セオドア・ルーズベルト大統領が懸念を表明。またフットボールに熱中しすぎるあまり、学業が疎かになっているとして大学スポーツの改善を求めた。安全の確保と、学業のバランス、この 2 点が当初の NCAA の使命であった[2]。その後、大学スポーツは人気を博しながらも、1950 年ごろまでは、伝統的なアマチュアリズムのもとで運営されていた[3]。ただ、当初から一部の大学で、競技実績に基づいた奨学金によるリクルート活動がみられたため、NCAA は、1948 年に奨学金は経済状況に基づいてのみ容認されるという Sanity Code を規定するに至った。つまり、当時は「競技実績や能力によっていかなる利益をも手にすべきではない」という考えが NCAA の根本原則となっていたのである。ただし、NCAA は所属大学に対して十分な執行力を持ち合わせておらず、Sanity Code がすべての大学で遵守されていたわけではなかった[4]。結局、その数年後には実情に合わせる形で、スポーツ奨学金の支給を認めることになった[5]。

　1950 年代に、アメリカでカラー TV が普及し、TV 放映の価値が一気に高

まりを見せた。こうしたなかで、NCAA は、TV 放映の対象となる試合総数と各チームの放映数を制限する方針を採用した[6]。NCAA は大学スポーツをあくまでも教育機会と捉えていたので、フェアネスの観点から大学間の戦力均衡を維持する必要があると考えていた。一方で、この TV 放映の供給制限により、TV 放映の価値を高める結果をもたらすことになった。このことで NCAA へのTV放映権収入も増大した。

3 大学スポーツの商業化を加速させた要因

3-1 オクラホマ判決（1984 年）

先にみた TV 放映の制限は 30 年以上にわたって継続してきたのであるが、1980 年代に入り、一部の強豪校が、NCAA のこの制限は個々の大学の経済活動を妨げるものであり、反トラスト法に違反するとの訴えを提起したのであった。この裁判で、連邦最高裁は強豪校の主張を認める判決を下した[7]。最高裁は NCAA の商業性を認め、反トラスト法の適用を容認したうえで、TV 放映をめぐる NCAA の一括管理は、消費者の利益に悖り、違法であるとした。ただ、この判断は、大学スポーツもプロスポーツと同様に「興行」であるという認識が前提となっていたため、次のような反対意見が出された。「多数意見は、大学スポーツをあたかも利益追求型の商業的事業体であるとみなしており、NCAA が大学スポーツにおけるアマチュアリズム、そして文武両道の目的・理念を持ち合わせていることを見落としている」。この反対意見を述べたホワイト判事は、アメフト選手として学生オールアメリカンに選抜され、その後、NFL・ピッツバーグ・スティーラーズ（当時はパイレーツ）でもプレーした経歴を持つ。まさに文武両道を自ら体現した人物であった。それだけに含意あるものであったが、そのホワイト判事の意に反して、自由な取引が認められたことで、強豪校は各々放映数を増加させ、これまでにないほどの勢いで「興行」として発展するとともに、収益を拡大させていった[8]。

3-2 NCAA における意思決定の変更

商業化を加速させたもうひとつのターニングポイントは、NCAA における意思決定の変更である。もともと、NCAA に所属する各大学にそれぞれ 1 票

第 2 部　大学スポーツ

が付与され、大学スポーツに関する政策はその自治において民主的に決定されてきた。しかし、オクラホマ判決以降、一部の強豪大学が経済的にも政治的にも絶大な権力を持つことになる。1997 年にこれまでの意思決定手続きが大幅に変更されることになった。全 17 の議席のうち、強豪校が所属する Division 1 が 12 議席という絶対多数を得た。他方、Division2 と 3 に所属する大学の声は届きにくくなった[9]。大株主（市場価値のあるもの）が、より強大な発言権を持つという、企業統治的意思決定が採用されたのである[10]。こうして、1100 の NCAA 所属校の目指すべき方向が Division ごとに区別され、また持てる者と持たざる者の格差は拡大の一途をたどることになった[11]。

4　アメリカ大学スポーツのアマチュアリズムは違法

4-1 アメリカの大学スポーツはプロリーグを凌ぐ市場価値

　2017 年、大学スポーツでもっとも利益を上げたテキサス大学は、実に 1 億 8,210 万ドルを得ている。その内訳は、アメフトで 1 億 2,050 万ドル、男子バスケットボールで 1,650 万ドル、女子バスケットボールで 180 万ドル、寄付で 4,220 万ドルである（その他に、ライセンスなどの権利ビジネスで 7,500 万ドル）[12]。一方、NCAA の収益はおよそ 9 億ドル。この NCAA の収益のほとんどは、マーチ・マッドネス（3 月の狂乱）と称される全米№ 1 を決めるバスケットボールのトーナメント戦の TV 放映権料である。バスケットボールとアメフトのレギュラーシーズンの放映権についてはカンファレンスが管理をしているし、またアメフトのプレーオフ（カレッジフットボール・プレーオフ）はボウル[13] が主催しており、ここでの収益は NCAA のものにはならない。アメフトのプレーオフも破格で、TV 放送局の ESPN は 2014 年から 2025 年までの 12 シーズンのプレーオフと 6 つのボウルゲームの放映について、およそ 56 億 4000 万ドル（年間 4 億 7,000 万ドル）を支払う破格の契約を締結した[14]。ちなみに、2014 年のナショナル・チャンピオンシップの視聴率は 18.6% であった。同じ年の NBA のファイナルシリーズ最終戦の視聴率が 10.3％ だったことからも、この数字は極めて高いことがわかる。このように、アメフトとバスケットボールは熱烈なファンを獲得し、「興行」として成功を収めることで、プロを凌ぐ市場価値を有するまでに成長を遂げてきたのである。しかし、「大学は稼

92

7　米国 NCAA の動向と日本への示唆

ぐが、選手はアマチュア規定により無報酬」というビジネスモデルは、労働法と反トラスト法の双方の観点から違法とする判断が下されることになった。

4-2 学生選手は「労働者」に該当するとした全国労働関係局の判断

　ノースウェスタン大学のアメフト選手が、組合を組織し、NLRB（全国労働関係局）シカゴ支部に労働組合の認証を求めたケースで、学生選手は「労働者」に該当するとの判断が下された。同大学アメフト部の選手らが「プレー」という労働力と引き換えに、「奨学金」という賃金を受けているのであり、大学を相手に団体交渉や団体行動を実施する権限があるとして労働組合の認証を求めたことを受けての判断である[15]。これは「もはやアマチュアリズムは完全に崩壊した」と、行政機関が公に宣言したに等しい。

　その後、NLRB シカゴ支部のこの決定は、2015 年、ワシントン DC の本部で再検討され、本件については NLRB が判断する権限を持たないと結論した[16]。その結果、学生選手に団体交渉権を認めたシカゴ支部の決定は破棄されることになった。ここで、留意すべきは、大学選手が労働者であるという判断自体が否定されたわけではなく、「NLRB の管轄権が大学スポーツの問題を適切に解決することにならない」という政策的な判断に基づくものであったことである。NLRB の決定は、ノースウェスタン大学などの私立大学を対象としており、各州法によって規制される公立大学には適用されず、D1-A（Football Bowl Series）に所属する 128 校のうち私学は 17 校のみであることから、かえって混乱をきたす可能性があった[17]。

4-3 アマチュア規定を違法としたオバンノン判決

　D1 のアメフトで活躍する学生選手は労働者であるとの NLRB シカゴ支部の決定に続き、2014 年 8 月、連邦地方裁判所が、NCAA が固持するアマチュア規定は反トラスト法に違反するとの判決を下した[18]。かつて UCLA のバスケットボール部で活躍したエド・オバンノン氏が、NCAA に肖像権の不正利用があるとして損害賠償を求めた訴訟で、報酬を得ることを禁止するアマチュア規定は不合理な制限であり、反トラスト法に違反すると主張した。これに対して NCAA が「アマチュアリズムの維持」「大学間の戦力均衡」「学業と競技の両立」「大学の負担軽減による生産（試合）の増加」の 4 つの観点から学生選

93

第 2 部　大学スポーツ

手への報酬を制限することに正当性があると反論したのであるが、連邦地裁は、NCAA 側の主張を退け、学生選手への収益分配を不当に制限するものであり、反トラスト法に違反するとしたのであった。大学側が「興行」として利益を得ながら、その利益を選手に分配しないことは法的に支持できないというものである。アマチュア規定を違法とした地裁の判断は高裁でも支持され[19]、さらに、2016 年 10 月に連邦最高裁が上告を受理しないと判断したため、「NCAA のアマチュア規定は違法である」との判決が確定したのであった。

5　アメリカ大学スポーツが抱える問題

5-1 NCAA の学業ルールと不正行為

スポーツと学業の両立を図るため、NCAA は従来、一定の単位獲得率や成績などの学業要件を設定してきた[20]。この要件をクリアできない選手は選手資格を失うことになる。加えて、チーム内で資格要件を充たさない学生数に応じてチームの持ち点を減点し、この持ち点が 4 年間で一定以下になると、制裁が科されるという Academic Progress Rate を導入した。つまり、成績の悪い学生が一定程度を超えるとチームに制裁を課すことで、「学業に対する真摯な態度（インテグリティ）」向上の動機付けを学校に与えようとするシステムである。ただし、これらの学業要件の運用は究極的には各大学の良心に委ねられるため、必ずしも目的通りの結果がもたらされるわけではない。学業への関心が高い高校生をリクルートするのではなく、学業に関心を持たない学生でも単位が取れるように工夫をする動機を持つ大学も少なくない。学業無関心の学生はこのことに大きなメリットを感じる。大学もグルになって、いや、むしろ大学側のイニシアティブによって「学業インテグリティ」がなおざりにされている[21]。

実は、昨年、マーチ・マッドネスで全米№ 1 に輝いたノース・カロライナ大学も、学業不正をめぐるスキャンダルの渦中にある。1993 年から 2011 年までの 18 年間にわたる学業不正が内部告発により発覚した[22]。講義の実態がないにもかかわらず、簡単に単位を得ることができる授業を開講し、合計 3,100 人もの学生がこの授業を履修した。ここではさらに、大学教授の関与なく高得点が付与されていたという。この不正行為に対する調査中に、昨年のマーチ・マ

94

ッドネスが開催され、渦中のノース・カロライナ大学が優勝を果たしたのである。全米№1のチームに対してどのような制裁が下されるかが注目されていたが、NCAA は、極めて不適切な講義形態ではあるが、NCAA のルール違反となる学業詐欺（academic fraud）には該当しないとの判断を下したのであった[23]。結局、NCAA によるノース・カロライナ大学への制裁は見送られることになった。この " 見せかけの授業 " は学生選手にだけ提供されたわけではなく、一般学生も受講することができたし、また、いかなる学業内容がふさわしいかは、あくまでも個々の大学の裁量で判断すべきというのがその理由であった。

　一方、20 年にわたり学業上のインテグリティが蝕まれてきたにもかかわらず、NCAA が制御できない実態に対して世間からの風当たりも強い[24]。前教育庁長官のアーン・ダンカン氏も「そもそもこうした学業インテグリティの問題を自律的に解決することは期待できない。これを各大学の自治に委ねるシステムは重大な欠陥（massive flaw）を持っている」と発言している[25]。

5-2 連邦議会の介入の可能性

　自律的な改革が期待できない NCAA に対して、これまでも議会介入の必要性が学識経験者らから指摘されてきたが[26]、議会介入による改革の実現可能性は、思いのほか低い。それは以下の理由による。

　第 1 に、大学スポーツの抜本的な改革は、人種問題に発展する可能性があるからである。大学スポーツは黒人選手のキャリアアップの場として機能してきた歴史がある。大学 D1 アメフト、バスケットボールにおける黒人選手の割合は 60％程度。これだけを見ると、さほど大きなインパクトはないが、D1 校で学んでいる大学生の黒人比率は 4％程度（ちなみに、人口比は 13％程度）であるので、これとの比較において 60％は際立って高い。運動能力に基づいて奨学金を得て大学を卒業し、ともすればプロ選手になれるというキャリアパスは黒人にとって極めて重要なモチベーションになっている[27]。したがって、議員が教育インテグリティの観点から抜本的な改革を主張することは政治的リスクを負うことになりかねない。

　第 2 に、ここで問題とされる一部の大学スポーツは熱烈なファン（消費者）によって支持されているからである。ナイト委員会[28]が 2006 年に実施した世論調査では、アメリカ大学スポーツと社会の関係性の実態を表す大変興味深

い回答がみられる。大学バスケ・アメフトはもはや「プロ」であるとの回答は60％、逆に「アマチュア」との回答は31％であった。ここまでは想定の範囲であるが、特に興味深いのは、61％が「大学スポーツは商業化しすぎ」、そして74％が「商業化は大学の教育的価値に相反している」と答えながら、83％が「大学スポーツに好意的」と答えている点である。つまり、大多数のアメリカ国民が教育上問題だと感じながらも、ファンとして「支え」続けているわけである。ここに商業化した大学スポーツの本質的なパラドクスがはっきりと表れている[29]。

6　アメリカの動向からの示唆

　アメリカ大学スポーツの特徴は、まず、アメフトとバスケットボールが双璧となって、各大学がそれぞれに TV 放映、スポンサー、その他の権利ビジネスを展開することよって収益の向上を目指してきたことである。市場原理を基礎とし、物質的な利益をインセンティブとしてビックビジネスへと成長していった。このビジネスモデルが違法とされたのは、大学あるいは関係者が学生の「労働力」によって利益を上げながら、すでに形骸化したアマチュアリズムを根拠に分配を否定するのは詭弁であるという価値判断に基づいている。

　2 つ目は、大学スポーツを統括する NCAA のガバナンスにおいて、構成員がそれぞれ一票を保有する民主的意思決定から、市場価値を持つ強豪校の声を反映する企業統治型意思決定へと変更されてきたことである。NCAA の意思決定は、利益追求型の強豪校によってハンドリングされ、その結果、持てる者と持たざる者の格差が著しく拡大していった。

　3 つ目は、競技上の成功と収益分配が連動していることである。NCAA の収益は競技上の勝率に基づいて大学に分配され、カンファレンスの収益は所属大学の戦績によって大きく左右される[30]。またコーチ、アスレチック・ディレクターら、大学スポーツ関係者の報酬は戦績に連動するシステムが構築されてきた。この構造において、金銭的利益への欲求が巨大なエンジンとなって、NCAA 所属のカンファレンス、大学、そして大学スポーツ関係者がしのぎを削ってきた。大学スポーツ関係者が手にする報酬は大学スポーツの市場価値の高まりとともに急騰し、年俸が 10 億円を超えるコーチも存在している。アメ

リカでは、市場価値に基づいた報酬こそが正当な分配とみなされる向きがあるが、大学スポーツ関係者が手にする高額な報酬は適正な分配ではなく、選手の労働力を搾取した結果であるとの批判が高まっていった[31]。

4つ目は、我々の予想に反して、大学スポーツに基づく大学収益の向上が教学上の充実に貢献していないことである。このことを示す実態が2015年にワシントンポスト紙によって公表された。この報道によると、黒字となっている大学はNCAA所属1100校のうち20校のみで、各校赤字額が年々増加しているというのである。収益ランキングの10位に位置しているオーバーン大学では2004年に120万ドルの赤字であったが、2014年には赤字額が1,710万ドルに拡大している[32]。一般学生の教学に貢献するどころか、日本円にして約18億円が一般学生の学費から補てんされているわけである。

収益が拡大しているのに、赤字が累積するこの奇妙な現象は、軍拡競争の悪循環に陥っている現状の表れである。ライバル校を出し抜くために、優秀なコーチ、高価なトレーニング器具、施設など競技力向上のためにコストをかけるという各大学の振る舞いがエスカレートしている。それに追随してコストをかけなければ、新入生のリクルートにも大きく影響し、強豪校としての地位を失うことになるからである。

5つ目は、アメフトとバスケットボールは、それぞれNFLとNBAのマイナーリーグとして機能していることである。NFLでは高校卒業後3年、NBAでは高校卒業後1年の経過をドラフト対象の要件としており、高校を卒業した選手は、まず大学でプレーする必要に迫られる。プロ側からすれば、本来、自らが抱えるべき選手育成コストを一切かけることなく、クオリティーの高い人材を大学から安定して確保できるという極めて好都合な仕組みとなっている。他方、プロを目指す選手がいったん大学を経由することで、NCAAやカンファレンスが有望な選手のショーケース（品評会）としての付加価値を得て、「興行」としての魅力を高めるメリットを受けている。こうしてプロリーグと大学の利害が一致し、Scratch each other's backs（互いの背中を掻き合う、持ちつ持たれつ）の関係にある[33]。

第 2 部　大学スポーツ

7　まとめ

　学校スポーツにおけるアマチュアリズムの本質は商業主義の影響を排除し、実質的な教育環境を学生に保障することにある。米国 NCAA は設立当初、そのアマチュアリズムを高らかに掲げながらも、次第に運営面での商業化を加速させてきた。その過程で、当初の理念が形骸化し、「選手は金銭を手にしない」というドグマだけが不自然な形で残されていった。この間、学校スポーツにおいて本来の目的である学業と競技の両立を目指す「学生」の利益が大きく損なわれるとともに、このことで、学校スポーツの高潔性が著しく蝕まれた。大学関係者、指導者、スポーツ産業、TV 業界、NFL と NBA、そしてさらには商業化に疑問を感じているファンまでもが、その意図にかかわらず、片棒を担いできたといえる。

　さて、日本ではというと、やはり学校スポーツはあくまでも教育を目的として実施されるものという認識が定着している。一方でスポーツによって認知度を上げ、またブランド価値を高めようとする各教育機関の動機が、日本の学校スポーツの発展を支えてきたことも間違いない。「教育」と「興行」の関係性のパラドクスはすでに存在しているのである [34]。つまり、程度の差こそあれ、アメリカと共通の問題を内包している。そして、アメリカのごとく、各大学が自由に収益化を模索することは、日本でも軍拡競争をさらに加速させ、このパラドクスを一気に拡大させる可能性を孕んでいる。加えて、大学スポーツの運営コストが増大し、持てる者と持たざる者を二極化させることになる。1980年代以降、商業化を加速させた米国 NCAA の動向は、反面教師として日本に多くの示唆を与えている。ただし、盲目的に、収益化を毛嫌いすると、すでに存在する学校スポーツの市場価値を見誤り、かえって不透明でかつ不健全な利害を生むことになる。この難しいバランシングにいかに取り組んでいくかが、我々の目前に横たわる課題なのである。

　以下、大学スポーツをめぐる政策的課題についての私見を述べてまとめに代えたい。

　第 1 に、大学間の軍拡競争の抑制である。大会運営に関しては教育の観点から可能かつ適切な範囲で収益化を進め、他方で各大学によるそれは、抑制する

7 米国 NCAA の動向と日本への示唆

ルール設定が必要である。なお、大学選手権や大会の収益については、大会運営費用の補てんのほか、学生への経済支援や事故補償など、教育的あるいは福祉的側面を重視した分配が求められよう。大学スポーツを巡ってコストが増加していくのは、大学間に生じている軍拡競争の結果でもある。この現状を正確に認識し、身の丈にあった運営を目指すことこそが、教育的価値の保全を可能にし、また経済的な意味でも真の「自由」を得るという逆転の発想が求められる。

　第2に、学校スポーツとは異なる選択肢の整備である。「スポーツは楽しむもの」あるいは「競技力の向上自体に学びがある」という本来のスポーツの意義を促進するために地域スポーツの活性化やユースクラブの整備が今後の政策課題となる。スポーツ活動を目的とする環境と、スポーツ活動を通じた教育を目的とする環境を区別することで、それぞれの目的に適ったスポーツの発展を期することができる。ただし、アメリカでは、近年、ユーススポーツの商業化が加速し、ここでも格差が拡大しているという問題がある[35]。「市場原理」に基づくスポーツの成長、発展に期待するアメリカの立場は、「スポーツ・フォー・オール」を重視した政策を展開する欧州の立場とは大きく異なっている。アメリカを参考にする場合にはこのことに留意する必要がある[36]。

　第3に、正統な意思決定機関としての日本版 NCAA の創設である。勝利を目指す過程を重視し、人間的成長の場とする伝統的な学校スポーツの価値は、日本の学校スポーツの大きな特徴といえる。ここでは、競技力の向上よりも、むしろ道徳観や倫理観の涵養を重視する向きがあった[37]。たとえば 1946 年に制定された学生野球憲章では、その前段で「元来野球はスポーツとしてそれ自身意味と価値とを持つであろう。しかし学生野球としてはそれに止まらず試合を通じてフェアの精神を体得する事、幸運にも驕らず非運にも屈せぬ明朗強靭な情意を涵養する事、いかなる艱難をも凌ぎうる強健な身体を鍛練する事、これこそ実にわれらの野球を導く理念でなければならない。」と謳っている。この理念のもとで、商業主義に対して、きわめて厳格な態度を貫いてきた。その後、高校野球をめぐる特待生問題が端緒となって、日本高校野球連盟および日本学生野球連盟が学生野球憲章全面改定作業を進めることになった[38]。その新憲章でも、学生野球が教育の一環であること、そして「学生野球は、学生野球、野球部または部員を政治的あるいは商業的に利用しない」ことを明言している。また同 22 条では「指導者は、当該加盟校の教職員の給与に準じた社会

99

第2部　大学スポーツ

的相当性の範囲を超える給与・報酬を得てはならない」とし、指導者が手にする報酬に規制をかけている[39]。

　このように日本では学校スポーツで関係者が物質的利益を受けることを良しとしない立場を取ってきた。アマチュアリズムは学生や生徒だけではなく、関係者にも求められる態度とされてきたのである。この点がアメリカと日本の本質的な相違である。この根本理念が今、「収益化」の模索により大きく変わろうとしている。学生野球関係者の叡知によって新憲章が制定されてから8年も経たないうちに、である。学生スポーツの運営をめぐるルールは、誰によって決定されるべきか。個々の利害を超えて、学生スポーツの在るべき姿を議論し、本来の教育目的を達成するためのルール作りを可能とする民主的意思決定機関の創設こそが最重要課題となる。この観点から、日本版NCAAは収益化を目指す大学の集合としてではなく、その是非を議論する場として創設されるべきである。

【注】
1)　アメリカ大学スポーツを巡る商業化の問題については、拙著（2016）「プロ化するアメリカ・カレッジスポーツ―ノースウェスタン大学フットボール選手の組織化（Unionization）が意味するもの」（同志社大学大学院総合政策科学研究科編『総合政策科学の現在』晃洋書房、p.119）、同（2017）「アメリカ大学スポーツのアマチュア規定はなぜ違法とされたのか」（『現代スポーツ評論36号』創文企画、p.85）、ウォン＝川井（2013）『スポーツビジネスの法と文化―アメリカと日本』p.55以下（成文堂）を参照。また、宮田由紀夫（2016）『暴走するアメリカ大学スポーツの経済学』（東信堂）はアメリカ大学スポーツの問題について経済的観点から網羅的に分析しており、きわめて有用である。
2)　設立当初の名称はIAAUS（Intercollegiate Athletic Association of the United States）であったが、1910年に現在のNCAAの名称になった。NCAAの概要については、Andrew Zimbalist (2000) Unpaid Professionals : Commercialism and Conflict in Big-time College Sports, Princeton University Press, 1999 at 8-11、Rodney K. Smith, A Brief History Of The National Collegiate Athletic Association's Role In Regulating Intercollegiate Athletics, 11 Marq. Sports L. Rev. 9 を参照。
3)　NCAAのアマチュアリズムの変遷については、Stanton Wheeler (2004) Rethinking Amateurism and the NCAA, 15 Stan. L. & Pol'y Rev. 213, 215-217 を参照。
4)　1929年に実施された調査では、調査対象となった大学112校のうち、81校がNCAAの規則に違反して学生に対する利益供与を行っていたことを認めている（Nicholas Fram & T. Ward Frampton (2012) A Union of Amateurs: A Legal Blueprint to Reshape Big-Time College Athletics, 60 BUFF. L. REV. 1003, 1013）。
5)　他方、東海岸の伝統校で組織するアイビーリーグでは1954年にスポーツ奨学金を認めない取り決め（Ivy Group Agreement）をし、現在もその理念を維持している（See Stanton Wheeler, at 232）。

7 米国 NCAA の動向と日本への示唆

6) Brian Porto (2012) Supreme Court and The NCAA: The Case for Less Commercialism and More Due Process in College Sports, at 28.

7) NCAA v. (1984) Board of Regents of Oklahoma, 468 US 85.

8) NCAA の競争制限と反トラスト法をめぐる法的論点については Gary R. Roberts (1996) The NCAA, Antitrust, and Consumer welfare, 70 Tul. L. Rev. 2631 を参照。なお、本論文は、大学スポーツの教育的価値と商業主義のジレンマについてについて指摘している（at 2673-4）。

9) Division1 には 350 校、D 2 には 300 校、D3 には 450 校が所属している。

10) Allie Grasgreen, Division I Divisiveness, Inside Higher ED, February 16, 2012(https://www.insidehighered.com/news/2012/02/16/ncaa-governance-brink-reform).

11) Gerald and Lopiano and Zimbalist (2017) Unwinding Madness: What Went Wong with College Sports – and How to Fix it, Brookings Inst Pr, at 5-7%.

12) Cork Gaines, The 27 schools that make at least $100 million in college sports, Business Insider, Nov.25, 2017(http://www.businessinsider.com/schools-most-revenue-college-sports-texas-longhorns-2017-11).

13) ローズボウル、シュガーボウル、フィエスタボウル、オレンジボウル、コットンボウル、ピーチボウルなどのボウルがあり、このうち 2 つが 3 年ごとに準決勝を開催することになっている。

14) Rachel Bachman, ESPN Strikes Deal for College Football Playoff, The Wall Street Journal, Nov. 21, 2012.

15) Decision and Direction of Election, Northwestern Univ., Case 13-RC-121359 (N.L.R.B. Region 13, Mar. 16, 2014).

16) Northwestern University and College Athletes Players Association, Case 13-RC-121359, August 17, 2015.

17) ノースウェスタン・アメフト部の組合組織化の背景と経緯については Joe Nocera & Ben Strauss (2016) Indentured: The inside story of the rebellion against the NCAA を参照。

18) O'Bannon v. NCAA, 7 F. Supp. 3d 955 (N.D. Cal., 2014).

19) O'Bannon v. NCAA, 802 F.3d 1049 (9th Cir. Cal., 2015).

20) GPA の最低基準、学生選手の学業資格要件 GPA について 1-2 年目は 1.8 以上、3 年目は 1.9 以上、4 年目は 2.0 以上と設定し、単位数は 1 学期 6 単位以上の獲得を要件としている。また、NCAA の Division I 所属の学生アスリートの卒業率向上を目的として、NCAA は卒業単位取得率について、2 年終了までに（40％）、3 年終了までに（60％）、4 年終了までに（80％）以上と設定されている（NCAA HP）。

21) 学業不正の事例については、Gerald and Lopiano and Zimbalist, at 247-261 を参照。

22) See Smith & Willingham (2015) Cheated, The UNC Scandal, the Education of Athletes, and the Future of Big-Time College Sports, Potomac Books Inc.

23) See Marc Tracy, N.C.A.A. Declines to Punish North Carolina for Academic Fraud, The New York Times, October 14, 2017 Section D at 1.

24) このほか、2017 年 9 月、高校生のリクルートをめぐり不正な金銭授受があったとして、FBI がアリゾナ大学、オーバーン大学、オクラホマ州立大学、サウスカロライナ大学のアシスタントコーチ、スポーツ用品大手アディダスの幹部ら計 10 人を贈収賄および汚職法違反の容疑で逮捕した。報道によると、特定の大学でプレーし、プロになったときに同社と契約することを条件に、有望な高校生選手やその家族に 10

101

第 2 部　大学スポーツ

万ドルの金銭が贈られたり、学生選手が NBA に入団する際、特定の代理人や財務顧問と契約させることの見返りとして、大学アシスタントコーチが金銭を受け取ったとされる（See Marc Tracy, N.C.A.A. Coaches, Adidas Executive Face Charges; Pitino's Program Implicated, The New York Times Sept. 26, 2017）。

25）ダンカン氏は「大学、コーチ、スポンサーやテレビ局に利益をもたらす一方で、教育的な側面への見返りがない現状は、倫理的に受け入れがたい」とも述べている。See ALEXANDER WOLFF, Game Changer: How Arne Duncan took on college sports—and won, Sports Illustrated, December 03, 2015. https://www.si.com/college-basketball/2015/12/03/arne-duncan-ncaa-barack-obama-alex-wolff-book

26）たとえば、Lopiano, Porto, Ridpath, Sack, Willingham, Zimbalist, The Drake Group Position Statement: Establishment of a Presidential Commission on Intercollegiate Athletics Reform, March 31, 2015 など。

27）他方で、黒人の学生選手らの労働によって大学やコーチが潤い、また高騰する大学アメフトとバスケットボールのチケット購入者は白人が圧倒的という現実について、こうした状況を生み出す社会構造の問題を指摘する研究も多い。教育における人種問題を専門にしている Haper 氏は、「大学スポーツほど、狡猾に黒人学生の権利が害されている仕組みはない」と述べている（Shaun Harper (2006) Black male students at public flagship universities in the U.S.: Status, trends and implications for policy and practice, at 6）。

28）ナイト委員会はジョン・ナイトとジェームズ・ナイトにより 1989 年に設立された組織であり、大学スポーツの教育的使命の実現に向けた改革の促進を目的としている。これまでにも、NCAA に対して抜本的改革の提言を行ってきた（詳細については、ウォン＝川井前掲書 58 頁以下参照）。

29）なお、「制御不能」との回答は 44 ％である。この数値は、大学スポーツの実態が白日に晒された 2014 年以降、さらに増大しているものと考えられる（https://www.knightcommission.org/2006/02/poll-americans-are-concerned-about-college-sports/）。

30）Patrick Rishe, Will Big 5 Autonomy Create Greater Competitive Imbalance In College Athletics?, Forbs, AUG 8, 2014, http://www.forbes.com/sites/prishe/2014/08/07/will-big-5-autonomy-create-greater-competitive-imbalance-in-college-athletics/）

31）たとえば、Andrew Zimbalist, Unpaid Professional, at 83-87、Andrew B. Carrabis, Strange Bedfellows: How the NCAA and EA Sports May Have Violated Antitrust and Right of Publicity Laws to Make a Profit at the Exploitation of Intercollegiate Amateurism, 15 Barry L. Rev. 17, 33（2010）、David Berri, Exploitation Is Everywhere in Men's College Basketball, Time, Nov. 14, 2014, http://time.com/3586037/exploitation-is-everywhere-in-mens-college-basketball/ など。

32）NCAA financial reports, Washington Post analysis, The Washington Post, Nov. 23, 2015.

33）こうした持ちつ持たれつの関係は大学スポーツの利害関係者間で多く見られる（Varsity Green: A Behind the Scenes Look at Culture and Corruption in College, at 59.）。なお、選手育成機関として、すでに確立したマイナーリーグが存在するMLB にはこの関係性は存在しないので、大学野球はアメフトやバスケットボールのように市場価値を高めることはより困難である（John C. Weistart (1983) Legal Accountability and the NCAA, 10 J.C. & U.L. 167, 174）。

7 米国 NCAA の動向と日本への示唆

34) 日本の部活動にも二項対立（パラドクス）が多面的に存在している（友添秀則（2013）学校運動部の課題とは何か―混迷する学校運動部をめぐって，現代スポーツ評論 28 号 8 頁，創文企画）。

35) 経済格差がスポーツへのアクセスに影響し，裕福な家庭でのスポーツの機会は充実したものになっているが，全体としてのユーススポーツ参加率は減少傾向にある（Jay Coakley, Sports in Society: Issues and Controversies, 12th Edition, McGraw-Hill Education, 2016 at 458-459）。

36) 欧州のアプローチについては，内海和雄（2003）イギリスのスポーツ・フォー・オール―福祉国家のスポーツ政策，不昧堂を参照。

37) 運動部活動の在り方に関する調査研究報告（中・高校生のスポーツ活動に関する調査研究協力者会議）平成 9 年 12 月および文部省「大学における学生生活の充実に関する調査研究会」2000 年の調査からも，生徒・学生や保護者が運動部活動を通じた人間的な成長に期待していることがわかる。

38) 新憲章では、旧憲章の理念を引き継ぎつつも、学生野球の枠組みを学生の「教育を受ける権利」の問題として明確に捉えなおし、学業インテグリティの確保を学生に対してというよりも、むしろ学校側に求めるものとなった。このことの意義は極めて大きい。なお、学生野球憲章の変遷については、中村哲也（2010）学生野球憲章とはなにか―自治から見る日本野球史，青弓者を参照。

39) ちなみに、アメリカでは、D1 のアシスタントコーチの給与を $16,000 に制限した NCAA の方針は反トラスト法に違反するとの司法判断が下されている（Law v. NCAA, 134 F3.d 1010 (10th Cir. 1998)）。

第 2 部　大学スポーツ

8

アメリカの運動部活動の歴史

中澤篤史 (早稲田大学)

1　「運動部活動の比較史」の中のアメリカ

　アメリカの運動部活動は、どのような歴史を辿ってきたのか。本章はその歴史を、とくに 19 世紀後半から 20 世紀にかけての高校での展開を中心にして描く。本格的な叙述は次節から始めるが、その前に本章の含意を、「運動部活動の比較史」という構想から位置づけておこう。

　周知の通り、日本のスポーツ文化は、地域社会のクラブではなく、学校の運動部活動によって支えられてきた。これまで筆者は、この日本の運動部活動の形成・拡大・維持プロセスを分析し、スポーツと教育の関係について考察してきた（中澤、2014a）。こうしたドメスティックな研究は、グローバルな研究へと発展できる可能性がある。すなわち国際的なスケールで、運動部活動はいつどこで誕生したのか、どのように各国へ普及したのか、それぞれの社会的文脈に応じてどう変容してきたのか。さらに、それらの解題の上で、あらためて日本では、なぜスポーツが教育へ強く密接に結び付く特殊性が生まれたのか。こうした問いに取り組む研究構想を「運動部活動の比較史」と呼んでみよう。

　さて、運動部活動の誕生については、既存研究の到達点でいくらか答えられる。運動部活動は、18 世紀後半から 19 世紀前半におけるイギリスのパブリックスクールで誕生し、19 世紀後半に「アスレティシズム」として活発化し、学校教育とのつながりを深めていった（マッキントッシュ、1973；Mangan, 1981；阿部、2009、2015）。しかし、イギリスから各国へどのように普及し、それぞれがどう変容したのかについては未だわからない部分が多い。ヨーロッ

104

パ、アメリカ、アジアの各国スポーツ史で、運動部活動の歴史が十分に記述されていないからである。それゆえ日本特殊性を比較史的に考察するためには、その前提として運動部活動の各国史を蓄積する必要がある。

中でも注目すべきなのが、アメリカである。アメリカは、日本以外で運動部活動が盛んな代表的な国の一つである。その現状を概観すれば、高校ではアメリカンフットボール部やバスケットボール部を花形として、さまざまな種目の運動部活動がシーズン制で用意されている。生徒の加入率は、ほとんど参加しない名目的な部員も含めれば加入率が50％に達するが、それらを除いた実質的な割合は30～40％であり、日本に比べれば低い。理由は入部に際してトライアウトを設けたりするなど、競技能力により入部希望者を選抜するからである。全国大会は無く、州レベルの大会で留まっているが、州大会は多くの観客が集まる地域の一大イベントになっている。関心や経験の有る教師が指導を担うこともあるが、教師とは別に専門のコーチが雇用される場合も多い。アメリカの運動部活動は、「少数エリートの競技活動」と言えるだろう（中澤、2014a、pp.46-51）。

こうしたアメリカの運動部活動は、どのような歴史の中でつくられてきたのか。日本のアメリカスポーツ史研究は、この問いにうまく答えられない。なぜなら、プロスポーツや人種問題などのテーマに注目しながら通史研究は積み重ねられてきたが（山中、1980；小田切、1982；川島、2012、2015）、そこで学校の運動部活動はあまり取り上げられてこなかったからである。また近年、大学の運動部活動の歴史については研究が進められつつあるが（ウォン・川井、2012、pp.53-79；宮田、2016）、未だ高校の運動部活動の歴史はほとんど手つかずである。

本章は、「運動部活動の比較史」を見据えた一つの準備作業として、アメリカの運動部活動の歴史を描く。

2　高校運動部活動の成立と発展（1880-1930）

アメリカの運動部活動は、19世紀前半に大学で萌芽し、高校へ拡大していった。イギリスのオックスフォード大学とケンブリッジ大学の対抗戦をモデルに、ハーバード大学とイエール大学での最初のボート対抗戦が開催された

第2部　大学スポーツ

のが 1852 年だった（スミス、2001）。各地域で複数の大学運動部活動が組織化されていき、1858 年に大学ボート連盟、1875 年に大学陸上競技連盟、1876 年に大学フットボール連盟が設立された。競技種目を横断する全国レベルの団体も 1906 年に組織化され、それが 1910 年に全米大学体育協会（NCAA: the National Collegiate Athletic Association）と改称して現在に続いている（Smith, 2011）。

　このように大学で運動部活動が盛んになると、その大学生が指導者として高校にも出向き、高校でも運動部活動が広まっていった。19 世紀前半に東部の私立の寄宿学校で徐々に始まった高校の運動部活動は、19 世紀後半に学校間対抗試合を盛んに行うようになっていった（Bundgaard, 2005）。その後、1880 年から 1930 年にかけて運動部活動は大きく発展していった。スポーツ史家のプルーターは、大著『アメリカにおける高校運動部活動の隆盛と統制の探究　1880-1930』で、そのプロセスを、第一期（1880 年〜 1900 年）、第二期（1900 年〜 1920 年）、第三期（1920 年〜 1930 年）に時期区分している（Pruter, 2013）[1]。以下ではその議論を、当時の調査研究資料（Wagenhost, 1926; Rogers, 1929; Savage, 1929, pp.52-76; Brammell, 1932）も参照しながら詳述しよう。

　第一期（1880 年〜 1900 年）は、生徒の強い先導で、スポーツが高校に導入され定着した時代である。その背景には、学校外の大人・クラブ・大学による施設面や金銭面の支援と協調があった。

　高校の運動部活動は、学校のカリキュラムではなく、休憩時間や放課後に生徒の自主的な課外活動として行われた。野球、アメリカンフットボール、陸上競技、テニスなどの種目で、学校間対抗試合が広がってくると、生徒は、自らの責任でスポーツ団体を組織しはじめた。しかし、実際の運営にあたっては自分たちの力だけでは不可能であったため、学校外の大人や、アマチュアクラブ、そして大学から施設面や事務面で支援を受けていた。こうした当時の生徒主導の学校間対抗試合は、たとえ問題があったとしても教師は注意を払わず、まだそれを統制しようとはしなかった。

　つづいて第二期（1900 年〜 1920 年）は、教師が高校運動部活動の統制に乗り出した時代である。この時代に教師は、学校間対抗試合の問題を解決するために、運動部活動を学校レベル・地域レベル・州レベルで制度的な統制下に置

こうとした。

　教師は、運動部活動に教育的価値を感じはじめると同時に、解決すべき教育的問題も見出し、それまで生徒主導であったあり方に介入し統制しようとした。当時の運動部活動は、生徒にとってインフォーマルな友愛会（fraternity and sorority）でもあり、パーティーやダンス、ディナーといった社交を目的とした秘密結社（secret society）でもあった。教師たちは、それらを非民主的な性格を持った悪習と見て、生徒の抵抗を押しのけて弾圧していった。そうしてアメリカの公立高校から友愛会が消滅し、生徒主導の運動部活動は終焉を迎えた。運動部活動は、今や、生徒のつながりをつくり、人格を形成し、より良い市民性を育成するという、教師の目的に沿って行われることになった。ただし、統制の追求が終わりを迎えたわけではなかった。国レベルの学校間対抗試合は未だ改革途上にあったし、冬季インドア種目や女子種目といった新しい種目が生まれ、また大学をはじめとした学校外のスポーツ団体との関係などが問題となってきた。

　その後の第三期（1920 年～ 1930 年）は、学校間対抗試合が国レベルの現象となり、運動部活動が州高校体育協会の全米連合の管理下に入った時代である。この時代に、大学の関与が無くなり、高校運動部活動が自立した。

　スポーツの黄金時代といわれる 1920 年代に、運動部活動は公立学校はもちろん、私立学校や宗教学校にも広がった。黒人生徒が通う統合学校や黒人学校でも独自に活動が展開された。そして女子生徒も論争を起こしながら運動部活動に参加しはじめた。それぞれの学校は、多くの学生選手を支援し、多くのスポーツ種目で大規模な競技大会も開催するようになった。この競技大会を後援したのが、大学であった。大学の後援は、高校の運動部活動を商業主義化させて問題を生み出した。たとえば、タイトなスケジュールで生徒を酷使し、シーズン後にも遠征旅行が組まれたり、勝利至上主義のプレッシャーをかけ、その結果、年齢や成績の出場資格が破られたり、学業が疎かにされたり、スター選手が祭り上げられたり、スポーツマンシップが蔑ろにされたり、といった問題があった。

　教育的価値を損なう商業主義に抗うため、州高校体育協会（State High School Athletic Association）が各州で出現し、それらを全国レベルで束ねる組織として全米連合（National Federation of State High School Athletic

Association）が確立された。これらは、高校の運動部活動を管理し、大学の関与を追放することを目指した。州高校体育協会の全米連合は、州をまたぐバスケットボール大会を許可しない決定を下し、それに従って1930年に大学は後援大会を中止した。こうして教師は、長い間追求し続けてきた統制をついに成功させて、高校の運動部活動を自立させた。

3　当時の社会的文脈　―なぜ運動部活動は発展できたのか―

　では、この時代に、なぜアメリカで運動部活動は成立し発展できたのか。そこには、互いに関連し合う3つの社会的文脈があった。

　1つ目は、革新主義的な教育改革である。「革新主義時代（Progressive Era）」と呼ばれるこの期間に、アメリカ社会は激変し、それに合わせて教育改革が進められた。産業化と都市化によって移民が増え、労働者育成と文化的統合を図ることが課題となった。しかし、伝統的に子育てを担ってきた家族関係は弱体化し、また児童労働が禁止されたことで、子どもは就業経験を通して社会化されることもなくなった。そこで教育改革が行われ、それまでの中・上流階級向けの大学準備学校ではない、すべてのアメリカ人が通うべき総合型の高校が新設されていった（Rader, 1996, pp.98-115; Riess, 2013, pp.144-147）。

　とりわけ重視されたのが、体育の授業と課外の運動部活動だった。全米教育協会（National Education Association）に設置された中等教育改革協議会（Commission on the Reorganization of Secondary Education）は、1917年に「中等教育の体育」について報告書をまとめた。そこでは、「生徒の健康のためには大きな筋肉を使った活動が不可欠である」として、体育の授業を強く奨励した（National Education Association of the United States. Commission on the Reorganization of Secondary Education, 1917, p.18）。また運動部活動についても、それがチームワークを育み、集団のための自己犠牲を促し、より良い労働者を育成するとして価値付けられた（Trent and Braddock, 1992）。

　2つ目は、大人によるユーススポーツの組織化である。上述の教育改革とも歩調を合わせて、子どもが遊ぶ時間と空間を、大人が意図的に創り出したり、管理したりする実践が出てきた。典型例は、ルーサー・ギューリック（Luther Halsey Gulick, Jr.）が主導した2つの組織的実践――キリスト教青年会とプレ

イグラウンド運動であった（Riess, 1989, pp.151-168; Rader, 1996, pp.98-115）。

　キリスト教青年会（YMCA: Young Men's Christian Association）は、1844年にイギリスのロンドンで創始され、アメリカでは1851年にボストンで活動を始めた。当初、中産階級の子息をターゲットに、キリスト教的男らしさ（Christian manliness）を育成することがめざされた。南北戦争が終わると、もはや戦争という手段で「男らしさ」を表現することはできず、新しい表現手段としてスポーツが注目されたからであった。キリスト教青年会は、19世紀末から20世紀初頭にかけて、巨大な体育館を建設したり、健康体操教室を開催したりするなど、ユーススポーツの場を形成していった（Embry, 2011）。

　もう1つのプレイグラウンド運動とは、「遊び場（＝プレイグラウンド）」を意図的に創り出す社会運動であり、とくに都市の子どもに対して、公園やレクリエーション施設を提供しようと広がっていった。元々は1886年に、マサチューセッツ救急・衛生協会（MEHA: Massachusetts Emergency and Hygiene Association）が、アメリカ初の砂場をボストンに作ったことがきっかけで、これが発展して1906年に、米国プレイグラウンド協会（PAA: Playground Association of America）がワシントンで設立された（Wassong, 2011）。シカゴを代表例とする都市化が進む場所で活発に展開し、1906年から1917年にかけて、プレイグラウンドを管理する都市は、41から504へと増大した（Miracle and Rees, 1994, p.48）

　3つ目が、学校体育連盟の設立である。1903年にニューヨークで公立学校体育連盟（PSAL: Public Schools Athletic League）が設立された[2]。小学校・中学校・高校のスポーツや競技大会を統括する団体であり、小学校でのクラス対抗運動会やバッジテストの実施から、高校エリート選手の育成まで、ユーススポーツの普及と発展に取り組んだ（Pruter, 2011）。当時の公立学校体育連盟の公式ハンドブックでは、労働の機械化によって身体が発達しなくなることや、遊び場が失われていることの懸念から、「スポーツが、とくに都市の男子にとって必要とされている」と謳われた（Gulick and Haug eds., 1908, p.9）。

　より広域的な州レベルの高校体育協会も、相次いで設立されていった（次頁表）。もっとも早かったのは1896年に設立されたウィスコンシン州高校体育協会であり、1924年までに、全48州中45州で高校体育協会が設立された[3]。これらは、運動部活動の学校間対抗試合に関する諸問題（選手の登録や資格、

第 2 部　大学スポーツ

表　1924 年までに設立された州レベルの高校体育協会

設立年	高校体育協会が設立された州
1896 年	ウィスコンシン州
1903 年	インディアナ州
1904 年	アイオワ州、モンタナ州、ロードアイランド州
1905 年	イリノイ州、サウスダコタ州、
1906 年	オハイオ州、アーカンソー州
1908 年	ノースダコタ州、ジョージア州
1909 年	ミシガン州、ワシントン州
1910 年	ユタ州、アイダホ州、ネブラスカ州、オクラホマ州
1912 年	ワイオミング州、ニューハンプシャー州、テキサス州
1913 年	カンザス州、ペンシルバニア州、サウスカロライナ州、ノースカロライナ州
1914 年	カリフォルニア州、オレゴン州、メリーランド州
1915 年	バーモント州、バージニア州
1916 年	ミネソタ州、アリゾナ州、ケンタッキー州、マサチューセッツ州、ウェストバージニア州
1918 年	ニュージャージー州
1920 年	デラウェア州、ルイジアナ州、コネチカット州、フロリダ州
1921 年	アラバマ州、コロラド州、ニューメキシコ州、メーン州、ニューヨーク州
1922 年	ミシシッピ州

出典：Wagenhorst（1926, pp.21-23）を元に筆者作成。

奨学金、スポーツマンシップ）を解決するための実務的な役割を担っていた
（Wagenhorst, 1926）。

4　20世紀後半の展開　―男女平等・商業主義・学業との両立―

　1930 年代以降、高校の運動部活動は種目を増やし、参加生徒も増え、競技
レベルも向上していった。大都市では中心地域の荒廃とともに学校とスポーツ
が凋落し、高校運動部活動は郊外で相対的に盛んになった。地方では、地元大
学でアメリカンフットボールが行われなくなったり、アマチュアクラブも消え
ていったりする中で、多くのスポーツファンは高校運動部活動の活躍に熱狂し
た。
　20 世紀後半以降、運動部活動を含めたユーススポーツは、どのように展開
したのか。まず第二次世界大戦が終わると、子どもが増加し、ユーススポーツ
の規模が拡大した。1946 年から 1964 年生まれのベビーブームで、1950 年代
から 60 年代にかけて子どもが増加した。それによってユーススポーツが盛ん
になった。運動部活動は子どもの人格形成の手段と見なされて推奨され、生徒

110

の非行問題への対応手段としても活用された。他方で、学校外の地域スポーツが、自治体の提供や助成によって公共的なサービスとして広がっていった（Coakley, 2016）。

1970 年代には、いわゆる「タイトルⅨ」（教育修正法第九篇：Title Ⅸ of the Educational Amendment of 1972）の制定により男女平等がめざされ、女子スポーツが隆盛した。1972 年の教育法の改正で学校教育での性差別が禁止され、この規定は運動部活動にも適用された。これによって州立高校は女子が参加できる競技大会を急速に拡大させた。ただし、それによって男子の運動部活動が使える資金や施設が減るケースも出てきた。男女間での平等と全体的な発展を両立させることが課題となった（Paule, 2011; Pruter, 2013, pp.321-322）。この課題の解決方法の一つが、商業主義だったのである。

1980 年代に、運動部活動とユーススポーツは商業主義化を進めた。マクロな社会状況としては、当時の不景気への政策的対応として、1980 年代に政府は規制緩和を進めた。いわゆる新自由主義的なレーガノミクス政策であり、公園・レクリエーション局への補助金が減額された自治体はこれまでのように地域スポーツの提供や助成ができなくなった。その代替として、営利目的の民間プログラムが出始めてきた。高額の参加費用を徴収し、年間を通じて単一種目のスポーツ指導を提供するようなプログラムであった。こうしたユーススポーツをめぐる状況の中で、運動部活動も、学校予算が縮減されることで、人件費や施設費、用具費をいかに調達するかが課題となった。その解決策として、商業主義化が進められていった。たとえば人事面では、教員ではないコーチが高額の給与で雇用されたり、そのための人材供給マーケットができあがった。施設面では、広告の掲示と引き換えに企業がスタジアムや電光掲示板を設置しはじめた。用具面ではスポーツ用品店がシューズやユニフォームを強豪高校の運動部活動に提供し、代わりに宣伝の場として利用していった。そうした動向は勝利至上主義を推進させ、ドーピング問題が高校運動部活動にも押し寄せることになった（Pruter, 2013, pp.322-326, Coakley, 2016）。

この時代にもう一つ問題となったのは、学業との両立であった。1984 年にテキサス州で、学業試験に合格しないと運動部活動に参加させない「ノーパス／ノープレイ」、運動部活動の時間を 1 種目で週 8 時間以内かつ全種目で週 20 時間以内とする「8-20 ルール」などの規制を含んだ法案（以下、「ノーパス／

第 2 部　大学スポーツ

ノープレイ法」と略記）が提出された。当時のテキサス州では、高度に熟練した労働者育成をめざした教育改革が行われていて、教育の質を向上させ、生徒の学力を伸ばすことに重点が置かれた。その流れで出されたこの法案は、議会で可決され実施された。勉学を疎かにして運動部活動にのめり込み、一定の学業成績が得られない生徒は、運動部活動に参加することを禁止されて、地域での奉仕活動を命じられた。こうした扱いに、世論は肯定的な反応を見せたが、一部の教師と多くのコーチが反対し、強い不満を表明する生徒・保護者は「運動部活動に参加する生徒の権利を奪っている」と主張して、訴訟に発展した。裁判の焦点は、ノーパス／ノープレイ法が、憲法で守られている生徒の権利を侵害するかどうかであった。1986 年 2 月 24 日、連邦最高裁判所は、ノーパス／ノープレイ法は憲法上の権利を侵害しているという生徒の訴えを退けた。つまり学校は、学業成績の悪い生徒に運動部活動を禁止してもよい。運動部活動は、学校が保障しなければならない生徒の権利とはいえない。学校が保障すべき生徒の権利は、生徒に学業を身につけさせることだ、と判断された（Miracle and Rees, 1996, pp.185-194）[4]。

5　まとめ

　アメリカの運動部活動の歴史をまとめておこう。19 世紀前半に徐々に始まった高校の運動部活動は、大学の関与を受けながら、1880 年から 1930 年に大きく発展していった。そのプロセスは、生徒の強い先導があった第一期（1880年〜 1900 年）、教師が統制に乗り出した第二期（1900 年〜 1920 年）、教師の統制によって大学の関与が無くなり高校運動部活動が自立した第三期（1920年〜 1930 年）に時期区分できる。そこには 3 つの社会的文脈があった。1 つ目は、革新主義的な教育改革であり、2 つ目は、キリスト教青年会やプレイグラウンド運動のような、大人がユーススポーツを組織化する実践の広がりであり、3 つ目は、学校体育連盟の設立であった。その後、20 世紀後半には、男女平等をめざしながら、同時に商業主義を進め、学業との両立も問題となってきた。

　最後に、本章冒頭で触れた「運動部活動の比較史」という研究構想に照らして、今後の課題を 3 点述べておきたい。第 1 に、アメリカの運動部活動の歴

112

史そのものを、さらに詳細に記述する必要がある。本稿の記述は素描的なもので、不十分な箇所も多い。とくに、高校の運動部活動の基本的構造ができあがった 1920 年代～ 1930 年代と、現在に続く 20 世紀後半のプロセスを、十分に記述する必要がある。第 2 に、その上で他国の歴史記述にも着手し、比較するための事例を増やす必要がある。とりわけイギリスの運動部活動の歴史は重要だと思われるが、その 20 世紀史や、パブリック・スクール以外の一般学校の歴史は先行研究でも十分に明らかになっていないように思われる。第 3 に、それらを踏まえた長期的な課題として、日本特殊性の比較史的な解明に取り組みたい。各国史との比較から、日本との共通点と相違点を整理し、その違いを生み出した歴史社会的な要因を考察しなければならない。

【注】
1）この文献（Pruter(2013) *The rise of American high school sports and the search for control, 1880-1930*）については、筆者による図書紹介も参照してほしい（中澤、2014b）。
2）公立学校体育連盟は、現在まで活動を継続していて、アメリカの運動部活動の歴史を辿る上で重要な分析対象である。しかし管見の限り、日本人研究者はもちろんアメリカ人研究者も含めて、公立学校体育連盟の現在までの変遷を辿った通史的な把握はなされていない。そこで筆者は、ニューヨークの事務局に問い合わせ、所蔵する一次資料の閲覧・複写を願い出た。なかなか返信がもらえないので何度もメールを送り続けていると、担当者からついに返信をもらえたのだが、残念なことに数年前に事務所を移転した時、関連しそうな歴史資料をすべて廃棄してしまったという。
3）資料として用いた Wagenhorst（1926, pp.15-17）によると、1924 年時点で州高校体育連盟が無かった州は、ミズーリ州、ネバダ州、テネシー州の 3 つであった。しかし、たとえばネバダ州高校体育連盟（Nevada Interscholastic Activities Association）のウェブサイトを見ると、1922 年に設立されたと記されている（http://www.niaa.com/information/about：2018 年 2 月 28 日閲覧）。設立年の解釈がズレている理由の一つは、当該組織が実態的に機能していたかの判断が難しいためである。今後は資料批判を深めるなど、さらに検討していく必要が残されている。
4）このテキサス州のノーパス／ノープレイ法については、白石（1993）など、日本人研究者にも注目されてきた。

【文献】
阿部生雄（2009）『近代スポーツマンシップの誕生と成長』筑波大学出版会。
阿部生雄（2015）「課外スポーツの成立と発展　①パブリックスクールにおけるスポーツ教育」中村敏雄他編『21 世紀スポーツ大辞典』、pp.547-551、大修館書店。
Brammel, R.(1932) *Intramural and interscholastic athletics, Bulletin No. 17*, National Survey of Secondary Education , United States Government Printing Office.
Bundgaard, A.(2005) *Muscle and Manliness*, Syracuse University Press.
Coakley, J.(2016), "Youth Sport in the United States" in Green, K. and Smith, A. eds., *Routledge Handbook of Youth Sport*, Routledge, pp. 84-97.

第2部　大学スポーツ

Embry, J. "Young Men's Christian Association and Young Women's Christian Association", in Riess, S. ed. *Sports in America from colonial times to the twenty-first century volume 3*, Myron E. Sharpe, pp.977-979.

Gulick, L. and Haug, E. eds.（1908）*Official handbook of the Public Schools Athletic League*, American Sports Publishing Company.

川島浩平（2012）『人種とスポーツ』中央公論新社。

川島浩平（2015）「アメリカ・スポーツ史」中村敏雄他編『21世紀スポーツ大辞典』、pp.581-587、大修館書店。

Mangan, J. A.(1981) *Athleticism in the Victorian and Edwardian public school*, Cambridge.

マッキントッシュ、P.（1973）『近代イギリス体育史（改訂増補版）』ベースボール・マガジン社。

Miracle, A. and Rees, C. (1994) *Lessons of the locker room*, Prometheus Books.

宮田由紀夫（2016）『暴走するアメリカ大学スポーツの経済学』東信堂。

中澤篤史（2014a）『運動部活動の戦後と現在』青弓社。

中澤篤史（2014b）「図書紹介：Robert Pruter, *The Rise of American High School Sports and the Search for Control, 1880–1930* (Syracuse University Press, 2013)」『一橋大学スポーツ研究』33、pp.92-98.

小田切毅一（1982）『アメリカスポーツの文化史』不昧堂出版。

Paule, A. "Title IX", in Riess, S. ed. *Sports in America from colonial times to the twenty-first century volume 3*, Myron E. Sharpe, pp.903-905.

Pruter, R.(2011) "Public Schools Athletic League", in Riess, S. ed. S*ports in America from colonial times to the twenty-first century volume 2*, Myron E. Sharpe, pp.736-737.

Pruter, R.(2013) *The rise of American high school sports and the search for control, 1880-1930*, Syracuse University Press.

Rader, B.(1996) *American sports* (3rd edition), Prentice-Hall.

Riess, S.(1989) *City Games*, University of Illinois Press.

Riess, S.(2013) *Sport in Industrial America 1850-1920* (2nd edition), Wiley-Blackwell.

Rogers, F.(1929) *The future of interscholastic athletics*. Teachers College, Columbia University.

Savage, H. et al.(1929) *American College Athletics*. Carnegie Foundation for the Advancement of Teaching.

白石義郎（1993）「学力向上政策とスポーツ課外活動」『スポーツ社会学研究』1、pp.77-87.

スミス、R.（2001）『カレッジスポーツの誕生』玉川大学出版部。

Smith, R.(2011) "Intercollegiate athletic associations and conferences", in Riess, S. ed. *Sports in America from colonial times to the twenty-first century volume 2*, Myron E. Sharpe, pp.487-492.

Trent, W. and Braddock, J.(1992) "Extracurricular activities in secondary schools", in Alkin, M. ed., *Encyclopedia of educational research* (sixth edition; vol.2), Macmillan Publishing Company, pp.476-481.

Wagenhorst, L.(1926) *The administration and cost of high school interscholastic athletics*, Teachers College, Columbia University.

Wassong, S. "Playgrounds and Playground Movement", in Riess, S. ed. Sports in *America from colonial times to the twenty-first century volume 2*, Myron E. Sharpe, pp.723-725.

ウォン、G.・川井圭司（2012）『スポーツビジネスの法と文化』成文堂。

山中良正（1980）『新体育学大系13　アメリカスポーツ史』逍遥書院。

114

第3部

マネジメントと
マーケティング

第3部　マネジメントとマーケティング

9

GIANT—台湾から世界一へ

林　伯修（国立台湾師範大学）

　本稿は台湾にある世界最大の自転車製造会社「巨大グループ」とそのブランド GIANT（捷安特）について解説する。巨大グループには、巨大機械工業会社（1972 年設立、本社台湾台中、事業は製造、開発、OEM、ODM）、GIANT（1981年設立、本社台湾、オランダなど世界中多数の子会社で、ブランドマネジメントとマーケティング）、巨瀚科技会社（1999 年設立、本社台湾台中、複合材料の研究と開発）及び捷安特軽合金科技会社（2002 年設立、本社中国昆山）が含まれている。GIANT（捷安特）は台湾ではもちろん有名な自転車ブランドで、ビジネスだけでなく自転車文化を創った会社である。台湾を一周まわれる専用道路も GIANT の推奨で国が政策として作った。

1　序説—台湾の自転車発展

　まず、台湾の自転車の発展は、つぎのとおり、5 つの期間にわけることができる。

　　1950 ～ 1970 年　萌芽期

　　1971 ～ 1980 年　成長期

　　1981 ～ 1990 年　快速拡充期

　　1991 ～ 2000 年　国際化転換期

　　2001 ～ 2008 年　産業昇級期

　1950 年代から 70 年までは萌芽期で、70 年代は成長期、拡大した快速拡充期は 80 年代である。1990 年代は中国の国際化により中国企業が大きくなり、2001 年～ 2008 年は中国が作る安い自転車に対し台湾はどうしたらよいかを考

えた。

　つぎに GIANT のトピックをあげる。企業の成功には頑張ることも必要だが、運も必要であると感じる。大事なイベントがいくつかあり、1969 年に国がアメリカへの輸出を奨励した時に、色々な産業がアメリカに進出した。そして、1973 年オイルショックの影響も大きく、ガソリンが無いことで多くの人が自転車に乗るようになった。自転車のニーズが出てきたため、台湾もその波に乗ってたくさんの自転車を生産した。しかし、あまり質は良くなかった。1980 年代末中国改革開放の波に乗って、世界中の企業は中国に進出し、投資する。2000 年には中国の自転車輸出台数と輸出金額が両方とも台湾を超えた。それまで台湾は世界一であったが、多数の台湾企業は中国へ移転したため、自転車産業は空洞化していった。その危機で、GIANT は台湾自転車リーダーとして、台湾の自転車ライバル会社 Merida と他のパーツ、タイヤ、などの部品会社を説得し、A-TEAM を組み、台湾の自転車産業を発展させた。またこれを契機として、台湾は世界の高級自転車生産と研究開発のセンターになったし、台湾自転車メーカー、部品などの中小企業は、ともに世界的に有名なブランドになったのである。

2　製造の巨大からブランドの GIANT へ

　1972 年に「巨大機械公司」（以下は巨大に略称）という会社を設立した。1969 年台湾の少年野球チームで世界一になった「巨人」を会社の名前にしたかったが、既に他社に登録されていたので、「巨大機械公司」にした。最初は自転車を組み立て輸出するという考えだったが、社長である劉金標氏が OEM の製造だけでは、低価格で、しかも競争の激しい自転車業界で生き残れないという懸念から、1981 年に「捷安特」という国内販売のマーケティング会社を設立し、英語表記で「GIANT」にし、漢字は「捷安特」。これは「敏捷」「安全」「特色」から当て字をしたものである。そして、台湾名の読みは英字でスペリングがしづらいので、劉社長は外国の人が読みやすいよう、本名の「劉金標」ではなく「King Liu」と名乗った。

　当時は台湾製品のイメージは良くなかった。劉社長は、台湾製品の品質が悪いため、日本でカリパスを買い台湾の部品会社に送り、規格を統一させた。自

117

第3部　マネジメントとマーケティング

転車は壊れることが必ずあるため、アフターサービスが大事だと考えたためである。劉社長は巨大機械設立の翌年に羅祥安氏と出会った。彼は台湾の貿易局に勤めており、国の依頼で台湾の自転車業界を分析していた人物である。羅氏は分析の結果、台湾の自転車製品は世界規格と一致していないので将来性がない産業だと指摘した。劉社長は羅氏の話を聞いて感動し、会社のパートナーにした。

　OEM 時代の GIANT は、1970 年代は国がアメリカ輸出を奨励していたため、工場があれば作ったものはすぐに売れる状態であった。それに期待し 72 年に会社を設立したが、実際は注文は入らなかった。海外の専売店では、台湾製品は規格が違うので修理しないというポスターをドアに貼られていたのである。劉社長は規格混乱の台湾自転車界を統一しようと、JIS 規格とカリパスをもって部品工場を回り、同じ規格にするよう依頼した。その時に羅氏と出会い、分析力のある羅氏に劉社長が頼み、製造とマーケティングのコンビとなったのである。当時は、台湾から外国に行き名刺を出すと、小さい会社なのに GIANTと名乗ることが「力気は小さいが口気が大きい」と皮肉を言われた時代である。

2-1 台湾製造の汚名と経営難

　しかも 1970 年代の初頭は台湾のオートバイ産業が発達し始めた時期で、自転車に乗る人口は段々減っていった。1973 年の第一次オイルショックは創業した 2 年目、年間売上は 1821 台だった。輸出の将来性があると思い、劉氏はもう一度日本に行って、自転車製造と組立を勉強し、台湾で「日本工業標準」の本をもって、協力のパーツ工場に回った。3 年目、生産量は 1 万 8 千台に大きく増やしたが、赤字経営が続いた。しかし、投資してくれた友人たちと家族、また自分自身の面子のため、劉氏は毎日朝 7 時から工場に行って生産の流れと質の向上に没頭していた。

　創立初期には、アメリカ、カナダ、日本などの国で台湾自転車のイメージはかなり悪かった。やっと知り合いの関係で、カナダのメーカーと会う約束をとったが、2 日間待って、僅か 10 数分間の面会時間をもらった。しかし、相手は、その会社に送られたサンプルも開けずに、台湾自転車の質が悪すぎるので注文する考えがない、と拒否された。2 人は悔しさをもち、アメリカと日本へ注文の依頼主をさがしにいった。やっと少し注文を受けたが、出荷したら、FAX

118

でさんざんに文句をいわれた。初期には本当に質が悪かった。劉社長は続けて
部品メーカーにお願いし、ともに質の改善に努力していたので、製品の質は向
上した。しかし1975年台湾はカナダとアメリカにアンチダンピングで告訴さ
れ、すべての努力は水の泡となった。

　赤字続きで巨大が倒産寸前となった際には、羅氏はSCHWINNへ30分
の会談を依頼し、結局90分間にわたり品質などの色々な話をした。翌年、
SCHWINNの社長が日本の展示会に参加した際には、台湾へ招き工場へ足を
運んでもらった。SCHWINNの社長に製造能力を尋ねられると、工場では一
晩で20色のサンプルを作り、能力が認められた。OEMの多くの注文が入る
ようになり、OEMの専門会社に転身した。質を大切にすることで、創業5年
目に黒字経営になった。

　1979年にシカゴでストライキがあり、アメリカ大手SCHWINNのOEMを
受けて巨大は35万台の生産量から60万台に成長した。生産量が大幅に成長
したので、コンピューターを導入し、部品などの管理システムを作り上げた。
1980年に巨大はアジアでブリヂストンに次ぐ大手自転車メーカーになった。
同年、台湾の自転車輸出の総生産量は300万台を突破し、日本を超え、世界
一になった。

2-2 OEMだけの恐れ

　1981年には「製造のGIANT」から「ブランドのGIANT」の思想が始まった。
1983年の時点に巨大の7割5分の生産量はSCHWINNへのOEMに集中して
いたので、劉社長はいつか注文が引き上げたら、巨大は潰れると心配しながら、
2年間執拗にSCHWINNに依頼し、SCHWINNが8割、巨大は2割の株をもち、
アメリカで「GIANT」ブランドを販売しようと、勧めた。やっとSCHWINN
に認めてもらった。新しい会社を設立する準備をはじめたが、SCHWINNは
香港の商社、深圳市政府と共同で深圳に自転車工場を作る協定を締結したと
いう情報を入手した。劉社長がずっと心配していたことが、やはり起こった。
OEMというビジネスは、いくら長く付き合ってきた戦友、親友でも、1銭、2
銭の安いコストでオーダーを移転しまうビジネスである、と溜息を吐いた。永
遠の客がいないので、OEMは持続可能なビジネスではない、と実感した。怒
りと怖い気持ちで、巨大は危機処理組を組んだ。SCHWINNからのオーダー

第 3 部　マネジメントとマーケティング

が完全に引き上げられるまで、わずか 1 年か 2 年の時間しかないので、速めに海外で GIANT のブランドを売らないと会社は終わりである。その一方で、巨大のブランド GIANT は残りの OEM の 2 割 5 分の客に対して、価格破壊の行為を絶対にしないと保証した。客も半信半疑ではあったが、GIANT はその信頼危機を乗り越えた。Trek、Specialized 等世界有名ブランドのオーダーはまだ続けられていた。しかし、コストダウンを求めた SCHWINN は中国で生産された自転車の質がよくないため、1992 年に倒産した。

3　ブランド創立段階（1986 ～ 1998）

　OEM だけではビジネスとして弱いため、1986 年本格的にブランドとマーケティングを始めた。第一段階は「高品質の製造」を核にし、最初はオランダに進出した。巨大の OEM の顧客はアメリカが中心だったため、これとの正面対決を回避するためヨーロッパを選んだのである。また、オランダは自転車の使用率が高い国で、オランダのニーズを把握できたら他国へも展開できると考えた。アムステルダムはヨーロッパの玄関と呼ばれ様々な言語が使われているため、アムステルダムでの経験が他国で活かせるという狙いもあった。

3-1　品質は第一の生命線

　オランダでの会社設立にあたり人材を募集したが、応募してきたあるオランダ自転車会社の社長から逆に質問を受けた。質問は 3 点あり、品質をどのように考えるかという問いには、重視すると答えた。アンチダンピングされた際はどうするかという問いには、オランダで工場を作ると答えた。また、私を雇用するなら私のマーケティングコンビも同時に雇うかと問われたため、彼ら 2 人を雇った。

　当初の製品は販売後、クレームや欠点の指摘が A4 で 5 枚も FAX されて来ることもあり、台湾の品質ではヨーロッパでは売れないと社長は感じた。毎日工場に質の改善を依頼したが、問題は尽きない。しかしある日、台湾の鹿港である木彫刻家の作品に出会った。台湾の人間国宝による、木を彫刻して作られた魚カゴである。これを見た劉社長は「木でこのようなものが作れるのなら、自転車もこのようにしなければならないのではないか」と思った。そして、会

120

社へ帰ると腕の一番良い技術者を集めヨーロッパ専用のライン「IA」を作った。「IA」とは「Industrial Arts」の略である。少しでもダメならラインを止めて改善することで、半年でオランダの社長に認められた。

　品質改善と向上の第二弾は1987年、アメリカに子会社を作り、自転車メーカー間の競争激化の時期で、GIANTはカーボン自転車を作ろうと決意した。当時カーボン自転車を製造していたのは手づくりのイタリアの2社だけである。GIANTは、カーボン製テニスラケットの製造と普及に力を入れていた台湾工業研究所の協力を得て、自転車を製造した。工業研究所と協力して量産したカーボン自転車をアメリカに輸出したが、フレームに欠点があったので、千台以上、総額4千万円ぐらいの自転車を回収し、従業員たちの目の前で掘削機で壊して、新しい工場の敷地に埋めた。製品の質は何よりも大切だと、みなに伝えるためである。

「Industrial Arts」やカーボン製自転車が成功したことで、社内に自己満足的な雰囲気があふれてきた時には、劉社長はそれでは進歩のステップが止まると考え、工場のトップを集めてヨーロッパの工場を回った。ヨーロッパの工場を見学し、台湾の自転車がそれほど優れていないことを実感した社員は、帰国後、品質改善に努力するようになった。

　ヨーロッパとアメリカへ進出することは問題なく実行できたが、日本は無理だと劉社長は考えていた。日本はもともと自転車技術が優れており、また台湾製品に悪いイメージを持っていると考えていたためである。しかし1989年に日本で自転車専門の雑誌が発行されると、劉社長はこれを日本へ品質を伝えるチャンスだと考え、日本に専門店を設立した。

3-2 OEM経営からグローバルブランドへ

　OEMの危機で、1986年に、GIANTはオランダ・ヨーロッパへ進出、88年にはドイツ・イギリス・フランス、89年には日本、91年にはカナダ・オーストラリア、グローバルのブランド販売ネットを構築し完成したとはいえ、さらに、94年には中国、2000年にはポーランド・東ヨーロッパへ展開した。

　この間、90年に現在の青いCIS「GIANT」を導入し、新しいイメージを作った。同年、GIANTブランドの海外販売量は巨大の全生産量162万台の46%、半分ぐらいに至った。92年には一体成型のカーボンやアルミ合金の製品を作った。

第 3 部　マネジメントとマーケティング

92 年には中国昆山で捷安特中国の子会社を作り、さらに販売チャネルを獲得するために、上海の鳳凰自転車と合資し「上海巨鳳自行車公司」を設立し、94 年の 12 月には GIANT の株式を上場し、98 年には日本企業 HODAKA の株式の 30％を購入した。99 年には電動自転車を作り台湾の金質賞に入賞、2001 年にはフォーブスの世界最良小企業 TOP200 に選出されている。2001 年の受賞前には、中国の市場で自転車産業第一の座を獲得した。

　1998 年に量販店経路で子ブランド Huge と Spalding を試したが、やはり価格優先の製品とチャネルには競争優位性がないので、やめている。

4　ブランド第二段階：両岸協力体制の確立（1998 ～ 2006）

　成長の第二段階では、巨大はスポーツマーケティングを確立し、専門の雑誌、チームのスポンサー、トップ選手の育成にほぼ売り上げの 5％を使って、GIANT というブランド価値をさらにアップする。また台湾を世界最先端の自転車研究開発センターにするために、生産技術向上のための A-TEAM を作った。両岸協力体制の確立もこの段階で確立した。

4-1 スポーツマーケティング

　スポーツマーケティングでは、スペインの ONCE チーム、オーストリアの代表チーム、ヨーロッパの ATB チーム、アメリカの MBX チーム、中国の省、市のチーム及び台湾の捷安特チーム、ツールドフランスやドイツチームのスポンサーとなり支援した。支援したドイツチームや T-Mobile、あるいは女性チームが優勝することで GIANT の品質の良さをアピールした。また巨大は世界一のトップ選手たちが利用して得られた提案からさらに新しい技術を開発し、これがレベルアップと質の向上に繋がった。

4-2 A-TEAM について

　2000 年になるとカーボン製品を他社も作れるようになり、競争が激しくなった。また、中国企業が大きくなり、市場を奪われてしまうし、台湾の自転車産業はもうすぐ空洞化するという脅威があったので、劉社長は自転車産業を開拓したいという使命感と情熱で、関係会社を集めた。低価格で量的勝負なら、

122

絶対に中国に負けるので、高級自転車研究開発の基盤を確立しないと、台湾の自転車産業は全滅しかない。

当時、参加者は何をすればいいかわからなかった。羅氏は「Talent wins games, teamwork wins championship」という Michael Jordan の言葉をスローガンにし、関係会社を励ましました。A-TEAM の狙いは、台湾を世界一の高級自転車の基地にするというものである。また A-TEAM は、企業経営のレベルを超えてコミュニティの文化を構築したいと考えた。A-TEAM に参加したのは、自転車業界の業者や競争相手である。例えば台湾で 1 番手と 2 番手の自転車メーカーである、GIANT と MERIDA が参加している。GIANT にとって MERIDA は競争相手だが、台湾を高級自転車の基地にするために多くの企業や業者が集まった。羅氏は A-TEAM の目的は交流の場を作ることと、台湾自転車のパイを大きくすることだと言った。A-TEAM には KENTA や MASICS 等のタイヤメーカー、SRAM というホイール・チェーンメーカーもおり、自転車に必要な業者が全て参加している。

A-TEAM のフロントメンバー 35 名は、自分達が作った自転車で台湾を一周した。彼らは台湾の美しさに気づき、自分達の製品を更に開発・改善するようになった。A-TEAM の会員は、共同目標と計画を立て 3 か月に 1 回チェックを行っている。会員は互いの工場見学をし、よい刺激を与え合い、成長プロセスの改善と生産力向上に努める。しかし A-TEAM 内には競争相手もいるので、製品開発とブランド経営については交流しない。

A-TEAM では、誠実と信用が一番大切にされている。A-TEAM の設立による、共同マーケティングの効果もあった。A-TEAM 参加メーカーは体質や品質が良いというイメージを作ることができ、参加企業間の協力関係があるため問題解決のスピードも 1 社で行うより早く行えるようになる。無給の顧問が多くいるようなものである。研究力やイノベーションの力が上がり、現在はイタリアやアメリカの有名メーカーもスポンサーとして資金を出して参加している。

A-TEAM には日本の TOYOTA もサポートしている。製造工程分析管理（TPS）や全面品質管理（TQM）、全面生産管理（TPM）の手法を提供し、効率の向上と品質の管理をサポートしている。ただし、企業秘密や競争者間の競争に直接かかわる知識は共有されない。

第 3 部　マネジメントとマーケティング

　台湾では 2 番目に大きい自転車メーカーである MERIDA も、前述のように A-TEAM に参加した。MERIDA の社長である曽氏は、A-TEAM の成功要因は、自動車と異なり自転車のパーツは世界規格が統一されていることだという。TOYOTA や NISSAN は素晴らしい製品を作るが、共有はできない。部品メーカーにとっては、A-TEAM に参加すると GIANT や MERIDA のブランド力に乗って世界に進出できる利点もある。また、TOYOTA の製造分析を導入し、生産能力を改善したことも A-TEAM の成功要因のひとつであろう。A-TEAM に参加すれば台湾に工場を設置できるので、各国の部品メーカーは A-TEAM に参加したいと考える。台湾では自転車に関するものはほとんど何でも作るが、変速機だけは日本製品を買う。ある記者が羅会長に、なぜ自社で変速機を作らないか尋ねた時に、日本製品は強すぎると答えたそうである。マイクロソフトのウィンドウズやワード、エクセルなどがあれば、PC のメーカーは OS やソフトを作る必要がないのと同じである。企業同士が良い関係を持っていれば、より高級なものを作ることができる、企業は変速機以外でお金を儲ければよいということである。

　A-TEAM 設立の翌年に A-TEAM が製造した自転車の輸出金額は 72 億ドルとなり、前年より 24％成長した。自転車 1 台の単価は 10％上昇し、166 ドルに達した。パーツ工場の輸出金額も 12％成長し、32 億ドルとなった。

4-3 バリューチェーンを重視

　1992 年に GIANT が中国昆山に生産基地を選んだもう一つの理由は人材である。長江三角洲、蘇州周辺は大昔から学風、人文の良い地域のため、昆山の従業員は素質が高く、勤勉で、態度もよいので、中国でのビジネスの拡大は大変だが、順調に行った。また GIANT は新しい材料の開発が一番大切だと思い、1997 年泉新金属会社（アルミニウム押出製品）に出資し、1999 年巨瀚科技（カーボン複合材料フレーム、部品）会社、2002 年には昆山捷安特軽合金材料科技会社を設立した。2004 年は捷安特成都を設立し、新しい内陸のマーケットを開発し、よりバリューチェーンを重視し、研究開発、製造、マーケティング、ブランド、グローバル協力と経営、財務管理等の整備と組織の調整で、企業の永続に注力した。

124

9　GIANT─台湾から世界一へ

5　GIANT に Inspiring Adventure ブランド文化を（2006 ～）

　2006 年以降の第三段階では、GIANT は Inspiring Adventure というメッセージのもとで 2 つの施策を行った。1 点目はグローバル運営総部を設立したこと、2 点目は Interbrand 社からコンサルティングを受け、「Inspiring Adventure」というブランド文化を創出したことである。

5-1　グローバル運営総部を設立

　運営総部の設立の背景には、製品戦略がある。GIANT の製品はグローバルで共通であるため、1 ヶ所で製品を買ったらグローバルサービスが受けられる。そのため、運営総部では「戦略（Strategy）」「支援（Support）」「サービス（Service）」を提供する。完璧なアフターサービスを運営総部が提供したことが、GIANT がマーケットで勝利した原因である。

　グローバル運営総部の設立は 2006 年で、2010 年にブランド価値を倍増させることを目標とした。2008 年には世界で初めて女性専用の自転車を生産し、台北市への社会貢献として YouBike も始めた。一時的に、親会社と子会社の適応不良の問題が生じた。運営総部が設立される前は、子会社は経営自主権を持ち、マーケティングや開発、情報システム、在庫管理など全てを自分で行っていた。運営総部が設立されたことで、子会社は権力が没収されたという感覚を持ち、不満が大きくなった。しかし、頻繁なコミュニケーションにより運営総部は資源の調達役だと説明し、子会社に理解してもらった。具体的な成果としては、運営総部設立前は各国で使われるコンピューターシステムが異なり、共同作業がうまくいかず、当時は注文を受けてから製品完成まで 90 日間かかっていたが、運営総部に情報が集まることで 14 日間に短縮された。生産スピードが向上し、ディーラーが在庫圧力から解放された。子会社と運営総部間のコミュニケーションは、現在ではスムーズになっている。

　現在運営総部は台中市に拠点を置いている。社員は 100 人強で、12 ヶ所の海外子会社と 8 ヶ所の工場、50 ヶ国で 1 万人以上のディーラーとネットワークを構築している。運営総部は子会社を信頼し、権限を委譲している。運営総部は管理するのではなく支援し、子会社が決定権を持つのである。財務レポー

125

第 3 部　マネジメントとマーケティング

トの例を挙げると、GIANT では各国それぞれの資料を運営総部が集めて分析
する。一般的なグローバル企業では、本社が子会社に同じフォーマットの資料
作成を要求することが多いが、GIANT は逆である。子会社それぞれで良いと
伝え、運営総部に各国で使われている資料が送られ、運営総部がこれを整理・
集約する。

5-2 Inspiring Adventure について

　劉社長が Interbrand 社のコンサルタントに、GIANT がトップブランドとな
るために必要な要素を尋ねたところ、食材は揃っているが代表するネームが欠
如しているとの回答であった。その後、Interbrand は「Inspiring Adventure」
というブランドネームを提示したが、劉社長は「それだけ？」と驚いた。

　なぜ GIANT はトップブランドの要素を備えているか。一つは自主製造の能
力を持っていること。また、品質が安定しており、イノベーションの能力もあ
る。例えばカーボン製自転車であり、現在は電動自転車を製造している。製造
ラインが、ヨーロッパや中国、アメリカ等に完備されていることも要素の一つ
である。

　Interbrand から GIANT に対するアドバイスは、消費者の立場から再思考し、
GIANT が世界一の自転車ブランドであることを強調するのではなく、ブラン
ド精神と消費者をつなぎ、企業の使命感をもって自転車文化を作ることであっ
た。Interbrand は、GIANT はブランドの神話から脱出すべきだと言い、以下
の質問をした。

・あなたたちは、今すでに世界最大の自転車業者ですが、消費者に対してどの
　ような意味があるでしょうか。
・あなたたちは、ツールドフランス優勝選手の自転車を製造していますが、世
　界中でその自転車に乗れるのは何人いるでしょうか。
・あなたたちは、世界最高の自転車ブランドですが、消費者との関連度はどう
　でしょうか。
・あなたたちは、消費者のニーズをどのくらい満足させたでしょうか。
　この質問を受けて GIANT は「Inspiring Adventure」を掲げることとした。
今後 GIANT が提示していくのは次のメッセージである。
・自転車に乗る経験を歌おう

・自転車で自分の五感を広げる新境界に達する
・自分を超える可能性を伸ばす
・自分の両手、両足で人生の真実を感じる
・自然を大切にする心を育てる

6　GIANT の成功について

　GIANT の成功にはいくつもの原因をあげることができるが、一つは工場と市場両立の中国戦略、二つ目は巨大／ GIANT、製造／ブランド両立のグローバル経営モデルである。

6-1　工場と市場両立の中国戦略

　中国進出も大きな決断であった。1988 年に台湾政府は中国への進出を認めた。台湾の多くの中小企業は人件費が安いため中国へ進出したが、GIANT は 4 年遅れて 1992 年に正式に進出した。その 4 年間に GIANT は中国の開放改革を観察した。期間中に天安門事件はあったが、劉社長は中国市場が拡大を続けると判断し、92 年から本格的に投資を始めた。そして、98 年に GIANT は中国一の自転車メーカーになったのである。

　中国は GIANT が世界一になるにあたり、大事な柱になった。90 年代に製造した「両岸分工モデル」は、両岸、つまり中国と台湾の両方で生産分業するとても重要なモデルである。GIANT は堅実な製造力と商品化力、ODM とブランドを持つ二刀流メーカーになった。

　次に、中国での戦略について特徴を 5 点あげておきたい。

(1)「独特学」: No. 1 と ONLY ONE

　中国市場が解放された時、台湾あるいは海外の自転車メーカーはほとんど華南（香港など南の地区）へ進出した。華南には自転車産業が多く集まり、低価格部品を使ってコストダウンした製品を輸出していた。しかし、劉社長は華南にはいかずに華東（上海の西）に進出し工場を作った。日本や韓国など海外への輸出と、中国の内陸マーケットを狙ったのである。劉社長の考えは、13 億の人口がいる国で輸出だけを行うのはナンセンスだというものであった。海外

127

第 3 部　マネジメントとマーケティング

と国内両方が重要だと考え江蘇の昆山に工場を作り、94 年 4 月から生産をス
タートした。しかし 92 年に進出したときは水道水には泥が混ざり、ホテルで
電話をするにも 5 階から 1 階に降りなければならないという不便な状態であ
った。しかし、政策的なサポートが多くあったため、GIANT は昆山に工場を
作った。

　2004 年には四川に工場を作り、西のマーケットをターゲットにした。2007
年には天津へ進出、華北と東北をターゲットとし、一部は日本や韓国にも輸出
した。中国は広いのでマーケットを 3 つに分けた。3 つのマーケットはそれぞ
れニーズが違うので、それぞれに適するサービスを提供している。

(2)「搶速学」：全速前進

　全速前進ということである。GIANT は自ら販売チャネルを作った。1978 年
に中国市場が開放されたが、計画経済の統制があるため、銀行の信用制度や小
売・卸売などの商業活動が成熟していない。一番手のディーラーは中国のパワ
ーのある中華自行車（CBC）が抱えているので、2 番手のディーラーあるいは
自転車選手やコーチに協力を求めた。ディーラーを選ぶ時は、人格を優先して
選んだ。ディーラーの経営教育などを行い、93 の末に GIANT 専売店が上
海の徐家匯にオープンした。この方法は 1978 年のセブンイレブンの台湾進出
に似ている。セブンイレブンが最初にアメリカから台湾に進出した時には、な
かなか成功しなかった。店舗を作りたいが、誰もフランチャイジーに応募して
こない。当時は町の店で買うことに慣れていて、コンビニには慣れていなかっ
たためである。1 年間いくらプッシュしてもなかなか広がらないので、セブン
イレブンの社長は、1 つの販売店を 100 万円で作れると説明した。100 万円は
安い、それならやろうと広まっていき、今台湾で一番パワーをもっているコン
ビニエンスストアはセブンイレブンである。GIANT もそこからヒントを得た
のではないかと思われる。何もないところから自分でつくるのはやはり大変で
ある。GIANT は自分達でディーラーを育成した。

(3)「移民学」：全面土着化

　全面在地化ということである。人材・資材・財務・管理の「三才一理」は現
地（中国）の人を使ってマネジメントすることを示すが、マーケティングとデ

ザインは台湾で行っている。当時中国では会社に対する忠誠心不足が問題だったが、誠信誠実な人を選び、能力によって平等に抜擢することで解決した。台湾人であれば必ず社長になれるわけではなく、中国人でも能力があれば社長にするよう平等に扱ったのである。

(4)「容錯学」

業績は経験の積み重ねであり失敗は問題ないということを示す。失敗してもすぐに調整し二度しなければそれで良いと考える。例えば、中国は台湾のマーケットと違うので、これが良いのではと選んだ配色が全然売れないこともある。あるいはイベントを企画したけれども中国は入試の時期で客が全然来ない、または悪いディーラーにだまされ全てお金を取られたということもあった。青少年向けのタイヤ径の小さい自転車が可愛いと思って売り出したが、中国の青少年は車輪の大きい方がスピードが速く好きだったので全然売れないということもあった。このようにGIANTは、色々と経験することを奨め、ミステイクを許せる会社なのである。

(5)「高度学」：世界の有名ブランドの勢い

中国の社会現象に合わせて宣伝することを指す。中国では「前進」と「進歩」が社会のキーワードだったので、GIANTはそれに合わせて「換個歩伐前進（ステップを変えて進みましょう）」といったスローガンを作った。GIANTは世界の有名なブランドと同様の宣伝姿勢で商品を売った。

中国におけるGIANTのマーケティング手法は日本から見るとつまらないものに思えるかもしれないが、当時の中国ではGIANT以外の自転車会社はそのようなことをしていない。例えば、カラフルな自転車。中国ではGIANTが進出する前は、黒の自転車が主流で、GIANTは初めて様々な色の自転車を販売した。組み立て自転車の販売も行った。これは購入者が好きなパーツを選ぶことができるものである。また、価格は全国一律にした。他の店で買ったら安いといったことはなく、全てサービスも一律である。そのため、GIANTは値段ではなくサービスで勝ちだした。また、地域のニーズに合わせて多様な車種を提供した。例えば、色を一緒にしたカップル用のペア自転車がある。また、定

第3部 マネジメントとマーケティング

年で休暇に入ったユーザー向けに長距離を走る観光用の自転車を作った。都会だとGIANTの自転車は盗まれやすいことから、軽く小さい、自分の家まで階段を上がって運べる自転車や、電車や車に持ち込める折り畳み式の自転車も作った。屋外の宣伝ライドバックスを作り、バスやタクシーに広告ステッカーを貼ることや、サッカーの試合でクイズに当たったらGIANTの自転車を贈ることも行った。これらはほとんど台湾で行われているが、当時の中国ではGIANTが第一号である。これらによって、GIANTは中国一の自転車メーカーになった。

6-2 GIANTのグローバル経営モデル

ここで、GIANTのグローバル経営モデルについて、特徴を4点挙げておきたい。

まず、決定権を社員に与える。社員には自分の知恵を利用して学習する精神を奨励し、決断を任せ、失敗を許す。哲学として、失敗から学ぶことが大事だと考えている。その狙いは、社員が自分の経験から主動的に良い仕事をするよう育てることである。要するに、「仕事を観察し、観察から考え、考えから創造する」という企業文化を作る。また、劉社長はかなり早く引退した。それは、オランダ子会社の社長が56歳で退任したことにショックを受けたことによる。オランダ子会社の社長は、会社の継続が大事と考え、47歳でヨーロッパの自転車選手に社長を引き継いだ。

親会社と子会社の役割と義務について。海外の子会社は資本を所有していないとすぐにマーケットに負けて価格志向の会社になってしまうので、100％子会社にしている。品質志向の会社として全て自分たちの意思で経営したいと考えるためである。また、子会社は戦略パートナーとして自主経営権を持ち、自分で意思決定をして経営される。親会社は必要な資源を提供し、あるいは積極的に品質と価値の高い製品を開発し供給する。子会社の義務は販売網を作り、親会社に現場の情報を提供し当地の消費者を満足させることである。

巨大のグローバル協力体制とは、台湾総部は研究開発と量産の設計、欧米の子会社はマーケティング、企画と外観の設計、中国はバッテリー、折り畳み自転車の開発を担当する。これらにより、小売り側と製造側が「ゼロ距離」になった。まず、徹底的に顧客志向（TOC）になり、サイクリングに関する全

面的な問題解決サービスを提供するようになった。また、徹底的に小売志向（TRO）になり、戦略的に GIANT 専売店を経営するようになった。ブランドを持たない時は OEM の製造業だったが、今は小売り・サービス業に変わったといえるだろう。

7　おわりに

　まとめて言えば、OEM 時代の GIANT はお金を儲けたいだけの商売人であったが、ブランド成功後は企業としての社会的責任や使命感が生まれた。また、GIANT が成功した要因は、A-TEAM を組み、世界の資源を統合し調達する能力を得たことである。その中で、異なるマーケットに参入するタイミングや、経営組織の調整、市場に応じた製品の組み合わせに関する、多層多面な思考が統合されたグローバル運営が見られるようになった。

　GIANT の経営語録として、まず「与時具進」がある。これは、企業は時代や環境と共に進んでいかなければならないということを示す。また、「戦争は戦争が始まる前に、既に勝負が決まっている」というものもある。これは、商売する際には事前に準備をしておかないと成功できないということである。準備ができていれば、絶対に勝つことができる。そして「組織は道具、状況に応じてどんどん変える」。違う時代や環境に、同じ組織では対応できないと考える。

　やるべきこと（DOs）が 4 つある。制度と戦略は時間と環境とともに進化しなければならない。上述の「与時具進」と同じである。そして、産業のリーダーは情熱を持ち、関係者と一緒にパイを大きくする態度を示さなくてはならない。また、どんな戦略もコミュニケーションを取り共同意識を持った上で行わなければ、実践の効果は現れない。最後に、どんな改革をする前でも、必ず全面的な制度や人事を完備しなければならない。

　逆に行うべきでないこと（DON'Ts）は、第一にマーケット志向の経営である。マーケットより前立ち、マーケットを導くことが必要だということである。そして、第二は、戦略を立てるときにただ「便利」を考えること。戦略によって必ず「実力構築」できることが必要だというのが GIANT の経営の基本である。

　最初から「世界一」「高級自転車」の目標を立ち、常に革新、差異化、新しいマーケットと最先端の技術を開発、ONLY ONE を追い求め、さらに、他社

第3部　マネジメントとマーケティング

はアウトソーシングがグローバルマーケティングと経営のパナケイア（万能薬）
と思っていた90年代には、経営危機から生き残った巨大/GIANTは、ODM
とブランド、製造力とマーケティング力両方を持つことを堅持し、模倣困難な
高い壁を作り上げ、完全な経営バリューチェーンを実現している。これがこれ
までのTHE GIANT WAYであるが、ではいま世界中に広がっている自転車シ
ェアリングサービスに対し、「与時具進」のGIANTはどう対応するか。成り
行きを見守ろう。

【参考文献】
・ 魏錫鈴（2004）『騎上峰頂—捷安特與劉金標傳奇』台北：聯經。
・ 林靜宣（2008）『捷安特傳奇—全球品牌経営学』台北：天下遠見。
・ 野島剛（2012）『銀輪の巨人GIANT』東洋経済新報社。
・ 劉金標、尤子彦（2015）『沒有唯一, 哪來第一：捷安特劉金標與你分享的人生思考題』台北：
　商業週刊。

10

サイクルツーリズム

原田宗彦（早稲田大学／一般社団法人日本スポーツツーリズム推進機構）

1　はじめに

　本章がテーマとする「サイクルツーリズム」は、読んで字のごとく、「自転車」（サイクリング）と「観光」（ツーリズム）を結合させた概念で、自転車というモビリティ（移動手段）を活用した楽しみをベースとした観光行動である。最近では、スポーツツーリズムという大きな枠の中で、自転車ブームの波に乗り、全国的な注目を集めるようになった。

　その一方で、この動きを一時的なブームではなく、今後の着実な発展に結びつけるために、官民が連携した動きが活発化している。そこで本章では、なぜサイクルツーリズムが近年急成長を遂げているのか、その発展の理由を探るとともに、今後の健全なマーケットの成長に向けた官民の取り組みを紹介したい。

2　サイクルツーリズムの定義

　サイクルツーリズムは、一般に宿泊をともなった、あるいは日帰りで行う、自宅から離れたレクリエーション目的の旅行と定義され、遊びが基本となる「レジャーサイクリング」を意味する。この点、競技であるロードレースやエンデューロレースへの参加とは、モチベーションの面で本質的に異なる。

　サイクルツーリズムに参加する「サイクルツーリスト」については、居住地から 50 キロ以上離れて、サイクリングに関するアクティビティに参加する人と、それを観戦する人の両方を含むという定義 [1] も存在するように、自宅周

第3部　マネジメントとマーケティング

辺での自転車による散策は、サイクルツーリズムとは呼ばない。さらに参加者であるサイクルツーリストのタイプとして、距離やコースの走破を狙う「スポーツサイクリスト」、ポタリングなどの楽しい経験を求める「プレジャーサイクリスト」、そして家族とのレジャーに重きを置く「ファミリーサイクリスト」の3つに分類することが可能である。

3　サイクルツーリズムの拡大

サイクルツーリズムが広がりを見せている理由のひとつに、参加に対する障壁の低さがある。自転車は、日常的生活で使う交通手段のひとつであり、自転車に乗ることができれば、年齢や性別、そして体力や持久力に関係なく、誰でも、いつでもサイクルツーリズムに参加できるという強みを持っている。よって今後、サイクリングコースや案内板の整備、サイクルステーションの設置、そしてレンタルサイクルの貸出所等が整備されれば、今後さらに広がる可能性を秘めている。

第二の理由として、近年の自転車ブームを支えるギア（装備）である、スポーツバイクやサイクルウェアの供給増がある。例えば図1に示すように、クロスバイク、マウンテンバイク、ロードレーサーを含むスポーツバイク国内販売台数は、2006年から11年まで急速に増加し、その後若干の減少があったものの、2013年から再び増加に転じている。スポーツバイクの中でも、日本では特に高価なロードバイクに人気が集まる傾向が強いが、これはT.ベブレンが言うところの「みせびらかしの消費」（衒示的消費）との共通点も多く、比較的ハイエンドの消費者を引き付け、売上高の上昇に貢献している。サイクルウェアに関しても、需要の高まりに呼応する形で、デザイン性に優れたウェアがサイクルショップやメガストアに数多く陳列されるようになったのは、ごく最近のことである。

第三の理由としては、国が主導する自転車の活用を推進するための法整備の進展がある。政府は、2017年5月1日に、健康増進や交通の混雑の緩和とともに、二酸化炭素も排出せず、騒音や振動の発生も心配ない自転車活用を推進する「自転車活用推進法」を定めた。この法案の特徴は、自転車の活用を総合的かつ計画的に推進するためのガイドラインをつくる「国の役割」と、それぞれの実情に

10 サイクルツーリズム

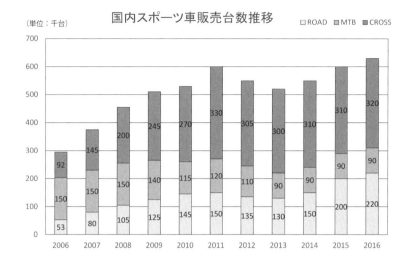

図1 クロスバイク、マウンテンバイク、ロードレーサーを含む
スポーツバイク国内販売台数の推移
(出典:株式会社シマノセールス、2016年)

応じた具体的な施策を実施する「地方自治体の役割」を分けたところにある[2]。

これによって地方自治体は、実情に応じて自転車専用レーンを作り、シェアサイクルを導入し、自転車イベントを開催するなど、自転車をよりよく使うための施設(インフラ)の充実に向けた動きを促進するための法的なバックアップを得ることができた。これまでの自転車に関する法律は、自動車優先社会における「対策法」であり、(たとえば二人乗り禁止のように)道路の秩序を保つための規制の法律であったが、今回の法案によって、流れが180度転換することになった。

4 サイクルツーリズムの受け入れ体制の整備

サイクルツーリズムは、スポーツツーリズムの有望なアクティビティのひとつであり、全国各地でサイクルツーリストの受け入れ体制の整備が進んでいる。以下では、その中から4つの事例を紹介しよう。

第 3 部　マネジメントとマーケティング

4-1 コースの整備

　自治体やサイクリングの推進団体が、サイクリングコースを認定・整備し、域外から多くのサイクリストを呼び込もうとする動きは、自転車ブームに乗って全国に広まりつつある。その中で、サイクルツーリズムの火付け役になったのが、瀬戸内海を横断し広島県と愛媛県を結ぶ約 70km のサイクルルートとして知られる「しまなみ海道」である。訪日外国人にも人気があり、ルートの起点である尾道市では、外国人客数が 27 万人（2016 年）を数え、2012 年と比較して 4 倍の増加となった。その背景には、サイクリストの休憩スポットである「サイクルオアシス」の設置や、自転車の修理 に対応した「島走レスキュー」と呼ばれるタクシーの導入など、サイクリストの目線を大切にした顧客志向の取り組みがある。本州四国連絡道路の自転車歩行者道を活用したルートは、前後区間も合わせた路面表示や看板設置によって、雄大な景色を楽しみながら走ることができる「一気通貫のサイクリングロード」に変貌したのである。

　その一方「奈良県県自転車利用促進計画」（平成 22 年）のように、県レベルで計画を策定し、自転車での周遊観光を本格化させた自治体もある。サイクリングルートの愛称は公募され「奈良まほろばサイク∞リング」（略称「ならクル」）と呼ばれる複数のコースが誕生した。県が公式サイトなどで公開・頒布している。「ならクルマップ」には、ルート周辺の見どころをはじめ、距離や標高差、自転車や手荷物の配送サービス、サイクリスト向けの宿泊施設などが紹介されている。ならクルには、県内に網の目のように張り巡らせた 30 以上のルートがあり、その中には、「法隆寺ルート」「室生寺ルート」「竜田川ルート」「吉野川ルート」といった著名な史跡や観光スポットを結んでいる。

　さらに、国がコースの認定に動き出す動きもある。国土交通省は、2015 年に、優れた自転車道を認定して重点支援する「ナショナルサイクルルート」（仮称）の設定を試みた。しかしながら、すでに日本サイクリング協会が「JCA サイクリングコース 100 選」として、瀬戸内海の「しまなみ海道サイクリングコース」「つくば霞ヶ浦りんりんロード」「びわ湖一周サイクリングコース」「桧原湖一周サイクリングコース」の 4 カ所を指定しており、国による屋上屋を架す認定コースの設置に対し、その必要性を疑問視する声も聞かれる。

　コースの整備ではないが、自転車愛好家の間で定着している湖や島を一周するルートに愛称を付け、それらのルートを、サイクリングやポタリングの周遊

コースとしてブランド化する動きも活発化している。例えば、湖岸延長国内トップ3として「ビワイチ」（琵琶湖一周）、「カスイチ」（霞ヶ浦一周）、「ハマイチ」（浜名湖一周）などがよく知られているが、最近では、3湖連携のサイクルツーリズムの振興の会議が開催されるなど、周遊コースが協力して自転車活用の輪を広げる試みも行われている。

4-2 認定証の発行

　サイクリングコースを走る人たちの達成感を高めるために、コース走破を認定する事業も広がりを見せている。前述した「ビワイチ」の場合、「輪の国びわ湖推進協議会」（守山市）が提供している「ビワイチ認定証」が発行される。びわ湖は1周約200キロであるが、これは琵琶湖大橋から南にある「南湖」も走る場合であり、自転車道の整備が進んでいる「北湖」だけならば、1周150キロという距離である。認定証の発行数は右肩上がりで増加しており、参加者にとって有効なインセンティブとなっている。データは少し古いが、ビワイチ達成を申請した人に発行した認定証の数は、2010年度の400件から15年度の約1250件まで3倍強に増えている。

　愛媛県では、自転車で四国を一周する「チャレンジ1000kmプロジェクト」をスタートさせた。プロジェクトに参加する人は、インターネットで会員登録を行った後3年以内に「四国一周サイクリングコース」を走り切ると、愛媛県自転車新文化推進協議会から完走認定証や記念メダルが交付されるシステムである。完走の証明については、スタンプラリー方式によって、コース沿線の道の駅29カ所に備えられたスタンプを押すか、サイクリング専用のサイクルコンピューターで走行データを入力しながら完走するかのどちらかの方式を選ぶことができる。後者の場合、走行記録が地図上に印刷された認定書が発行されるなど、サイクリストの遊び心を刺激する仕組みが導入されている。

4-3 サイクルトレインのデビュー

　サイクルツーリズムの展開において、足枷となっているのが自転車の移送手段である。一番楽な方法は、ツーリストが目的地まで手ぶらで移動して、現地で自転車をレンタルすることであるが、日頃から慣れ親しんだ愛車を使いたい場合、自転車を目的地まで移動させなければならない。体力に自信があれば、

第3部　マネジメントとマーケティング

自宅から目的地まで自転車に乗って移動することも可能だが、そうでない場合、保有する自転車を車に積んで移動するか、自転車を分解して輪行バッグに詰めて電車で運ぶか、配送業者を使って移送する必要が生じる。宅配などの配送業者を使う場合、依頼者が段ボールで梱包しなければならず、パッキングの手間や高額な輸送費等が発生することになる。またサイクルショップの中には、配送を代行してくれる店舗もあるが、その場合も高額な手間賃が発生する。

そこに登場したのが、サイクリストが愛車とともにストレスなく移動できる「サイクルトレイン」である。国交省の資料によれば、2016年（1月〜12月）に全国52社62路線で実施された。この場合各鉄道事業者は、利用実態に応じて自転車の持ち込みを認める曜日・時間帯・スペースを限定し、自転車固定器具の車内への設置や駅員による乗降補助を行うとともに、マナー向上と相互理解の促進のために車内アナウンスやポスター掲示などを行っている。ただし、通年の運行ではなくイベント開催に合わせた臨時運行などの対応を行うなど、あくまでスポット的な対応を取っているのが現状である。

そのような中、サイクルツーリズムの活性化において画期的な出来事が起きた。それが2017年12月5日にJR東日本がデビューさせたサイクルトレイン

写真1　B.B.BASEの外観（撮影：原田宗彦）

10 サイクルツーリズム

写真2　B.B.BASE の車内（撮影：原田宗彦）

の「B.B.BASE」（「房総バイシクルベース」の略称）である。写真1および写真2に示すように、自転車を折りたたまずに輪行できる専用電車を東京の両国駅と、千葉の館山駅間で運行し始めた。B.B.BASE のルートは「内房」「外房」「佐原」「銚子」が設定され、週替わりで運行を行っている。例えば内房ルートを使ったツアーの場合、参加者は、愛車と一緒に両国駅から館山駅まで片道約2時間の電車の旅を楽しみ、その後館山駅から海岸線を走り、ホテル「ファミリーオ館山」で昼食をとり、南房総の西岸に位置する洲埼（すのさき）灯台までサイクリングを楽しむという内容になっている。

　自転車をそのまま電車内に持ち込むことは、日本の鉄道車両の大きさを考えても非現実的であるが、今後サイクルツーリズムの普及とともに、時と場所を選ばずに、電車内に自転車を持ち込めるような専用車両の運行については、全国的な普及が望まれる。

4-4 サイクリスト向けの宿泊施設の認定と専用施設の整備

　宿泊をともなうサイクルツーリズムの場合、ホテルや旅館における自転車の

第 3 部　マネジメントとマーケティング

保管という問題が生じる。現在のところ、自転車を部屋に持ち込むことを認める宿泊施設はそれ程多くない。高価な愛車は身近な場所に保管したいというのがサイクリストの心情であり、盗難や破損の心配なく、自転車とともに旅行を続けることができるというのが理想である。

　そのようなニーズに答えるために、「サイクリストウェルカム基準」を満たす宿泊施設を紹介したウェヴサイト（Cyclist Welcome.jp）が立ち上がった。図 2 に示したのが 6 つの基準であり、客室への自転車の持ち込みや、修理のための専用スペース、そしてサイクリングのためのルートマップ等の案内書の設置などの項目が設けられている。さらにこれらの基準を満たした上で、以下の A から K までの特選基準を 3 つ以上満たした宿が「特選施設」として紹介されている。2018 年 3 月の時点で、南紀白浜マリオットホテル、富士ビューホテル、会津サンブリッジホテルなど 20 施設が認定を受けている。

　A.　手荷物の一時預かり（チェックイン前／チェックアウト後）

　B.　シャワー／風呂の一時利用（チェックイン前／チェックアウト後）

　C.　マッサージ／フィットネス施設

　D.　サンダル／下駄等の貸出

　E.　サイクリスト向け朝食（早朝対応）の提供

　F.　パンク修理キットやチューブの販売

　G.　携行できる補給食の提供

　H.　自転車を積載できる無料シャトルサービス

　I.　ロードバイク／マウンテンバイクのレンタルサービス

　J.　自転車関連小物（ウェア、キャップ、グローブ、ソックス、サコッシュ等）の販売

　K.　サイクリングガイドの紹介

　近年ではまた、地方創生に関する交付金を活用して、サイクルツーリストの専用宿泊施設を設置する動きも具体化している。例えば美唄市は、北海道で初めてサイクルツーリストの専用宿泊施設の建設を行った。同市は、美唄炭鉱で栄え、最盛期には 9 万 5 千人の人口を有したが、その後人口は大きく落ち込み、現在は 2 万 5 千人にまで減少し、消滅の可能性が危惧される都市のひとつで

140

10 サイクルツーリズム

図2　サイクリストウェルカム基準・基本要件
（出典：cyclistwelcome.jp/about/）

ある。人口減と高齢化、そして産業の衰退という負の連鎖を断ち切るために、美唄市が取り組んでいるのがサイクルツーリズムの振興であり、2018年4月には、国の地方創生拠点整備交付金を活用して、サイクルツーリズム推進のためにサイクリスト専用の宿泊施設をオープンした。この施設には、レンタサイクルターミナル、ラウンジ、リペア（修理）スペースがある他、部屋にはサイクルハンガーが設置されており、階段に設置されたスロープを使って全部屋に自転車を持ち込むことができるなど、サイクリストファーストの施設となっている。

5　サイクルツーリズム連携推進協議会の発足

　サイクルツーリズムが全国に波及するにつれ、将来的な発展を組織的に支援する必要性が生まれた。2017年9月には、観光庁の平成29年度「テーマ別観光による地方誘客事業」に採択された事業を契機に「全国サイクルツーリズム連携推進協議会」が設立された。事務局は、全国各地で「ツール・ド・ニッポン」という自転車イベントを自治体と連携して開催する「一般社団法人ウィズ

141

第3部　マネジメントとマーケティング

スポ」が担当する。

　2017 年度は、ツール・ド・ニッポンと連携しながら、「ガイド付きサイクリングツアーの実施」「サイクリングガイド（呼称：ツール・ド・ニッポン・エスコートライダー）の養成」「イベント参加者モニタリング調査」「外国人サイクリストのモニタリング調査」「情報の核となる WEB サイトの整備」といったイベント以外の取組みによって、各地に日常的・通年的にサイクリストを呼び込む仕組みを構築する⁽³⁾。さらに、それぞれの事業で得られた知見やノウハウ、そして成功事例や失敗事例を加盟地域内で共有し、各地の地域活性化へつなげることを目的としている。

6　自転車を活用した健康社会づくり

　サイクルツーリズムの発展は、今後の自転車を活用した社会づくりにも好影響をもたらしている。特に前述の「自転車活用推進法」の整備がトリガーとなり、より多くの人が日常的に自転車に親しむ社会をどうつくるかについて、国土交通省以外の省庁でも新しい取り組みが始まっている。

　例えば厚生労働省では、身体活動や運動の重要性について普及啓発を推進するために、2013 年にとりまとめた「健康づくりのための身体活動基準 2013」において、日常生活で体を動かす具体例として、「自転車に乗る」ことを掲げている。また、「スマート・ライフ・プロジェクト」において、参画する企業、自治体等と連携しながら、今より 1 日 10 分の身体活動の増加を促す「身体活動＋ 10（プラステン）」などのアクションにより、更なる健康寿命の延伸を推進しており、生活習慣病予防につながる身体活動の増加に資する手段として、自転車活用の普及を後押ししている。

　スポーツ庁も同様に、地方自治体におけるスポーツを通じた健康増進に関する施策を持続可能な取組とするため、域内の体制整備及び運動・スポーツの習慣化につながる取組を支援している。そのひとつとして推奨されているのが、ビジネスパーソンによる自転車通勤である。日頃から自転車に親しみ、それを習慣化することによる自転車文化の醸成と、休日の観光行動としてのサイクルツーリズムの振興が期待されている。

7　最後に

　サイクルツーリズムの発展は、人の流れを活発化し、地域に新たなビジター
を呼び込む原動力となる。スタジアムやアリーナといった施設は必要なく、自
転車が快適に、そして安全に走ることができる舗装道路さえあれば、場所や季
節に関係なくサイクルツーリズムを楽しむことが可能である。隠れたスポーツ
資源である道路を活用し、自転車で人が動く仕組みをつくるサイクルツーリズ
ムは、スポーツツーリズムの視点から見ても将来成長が期待される有望なコン
テンツである。

【注】
1)　Cycle Tourism Australia: www.beecoswebengine.org/servlet/Web?s=2024207&p=CTA_
　　WhatisCTA
2)　自転車活用推進法の基本方針として、国土交通省は以下の 14 の基本方針を定めてい
　　る：①自転車専用道路等の整備②路外駐車場の整備等③シェアサイクル施設の整備
　　④自転車競技施設の整備⑤高い安全性を備えた自転車の供給体制整備⑥自転車安全
　　に寄与する人材の育成等⑦情報通信技術等の活用による管理の適正化⑧交通安全に
　　係る教育及び啓発⑨国民の健康の保持増進⑩青少年の体力の向上⑪公共交通機関と
　　の連携の促進⑫災害時の有効活用体制の整備⑬自転車を活用した国際交流の促進⑭
　　観光来訪の促進、地域活性化の支援（国土交通省、平成 28 年 12 月 16 日）
3)　今後のサイクルツーリズムのひとつの鍵となるのが、安全かつ楽しいサイクリング
　　を観光商品として提供できるサイクリングガイドの養成である。現在は、「日本サ
　　イクリングガイド協会」（JCGA）が、「公益財団法人日本サイクリング協会」（JCA）
　　公認資格である「JCA 公認サイクリングガイド（ベーシック）」の養成講座、および
　　JCA による検定試験を実施している。（www.cycling-guide.or.jp/about）

第 3 部　マネジメントとマーケティング

11

ビッグデータから見えてくるスタジアム観戦者の姿

阿部正三・河路　健（株式会社インテージ）

1　はじめに

1-1　地域のシンボルとしてのJリーグチーム

　Jリーグの大分フットボールクラブ・大分トリニータは10年前の2008年にはJ1で勝点56の4位に躍進しただけにとどまらず、カップ戦のヤマザキナビスコカップでは決勝戦で清水エスパルスに2-0で勝利し初優勝を遂げている。当時のリーグ戦ホーム開催ゲームの平均観客数は2万人を越える隆盛を誇っていたが、翌2009年は一転、チーム成績は17位と低迷し、J2リーグに降格す

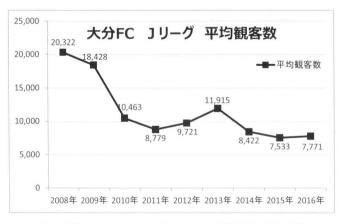

図1　大分トリニータ　Jリーグ　シーズン平均観客動員数の推移
（出典：J,LEAGUE DataSite HP より）

144

11　ビッグデータから見えてくるスタジアム観戦者の姿

るという憂き目をみることになった。その後 2013 年に J1 昇格を果たしたものの、翌年には再び J2 へ、2016 年には J3 でのプレーも経験することになるのだが、その間ホームゲームの観客動員数も 2008 年当時の 5 割以下、平均 1 万人をも下回る水準で推移している。

　大分フットボールクラブ（以下、大分 FC と記す）のチーム名「トリニータ」は、三位一体を表す「トリニティ」と大分を合せた「トリニティ・おおいた」から名付けられた造語である。この名称には「県民」、地元の「企業」、「行政」が力を合わせてチームを育てて行く、という強い思いが込められている。まさにこの三位一体の力によって、大分 FC はかつて 2009 年に陥った経営危機を、J リーグ公式試合安定開催基金からの融資とあわせて乗り越えてきた歴史も持ち合わせている。

　かつて 2008 年のカップ戦優勝という大分 FC の活躍は、2002 年の日韓ワールドカップ開催とともにサポーターだけでなく大分県民全体に、地元企業に大いなる自信と活力をもたらした。

　そんな過去の成功体験を有する大分県は、2019 年に日本で開催される国際的ビッグイベントである「ラグビーワールドカップ 2019 日本大会」開催地に名乗りを上げ、2015 年 3 月に全国 12 の開催都市の 1 つに選定されている。

1-2 スポーツによる地域の元気づくり

　こうした流れの中、大分県では " スポーツによる地域の元気づくり・地域活性化 " を掲げ、スポーツに触れる・親しむ文化の定着を図るため、大分銀行ドームで行われるサッカーやラグビーの試合をモデルに、勝敗に依らず常に集客できるスタジアムとチームを創ることを構想している。その取り組みの一歩として、『観客の満足度向上に向けたファン・観戦客の現状を把握する調査研究』を行うこととし、そのプロジェクトにインテージも参画することになった。

　大分銀行ドーム観戦客の意識・行動や大分 FC ファン構造の現状を把握する調査研究プロジェクト自体は以下の 4 つの調査から成る。

　今回、観戦者の現状把握の方法として、顧客理解の手段として比較的オーソドックスなアプローチである来場客へのアンケート調査以外の手法も用いている。" どのような人が何人くらい来場しているのか、来場客の性別や年齢・居住地はどこなのか " 等の試合毎の基本的な行動を捉える目的を考えると、回収

145

第 3 部　マネジメントとマーケティング

◎　観客増（トリニータホームゲーム）に向けた調査研究

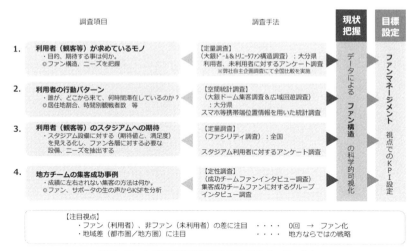

図 2　ファン構造等現状把握の調査研究プロジェクト

サンプル数に現実的な限界のある『集める＝アンケート調査』よりも『集まる＝行動ログ情報』で実態を把握する方がより目的に適していると判断した為である。

いわゆるビッグデータの 1 つである『モバイル空間統計®』という NTT ドコモが提供している人口統計データ（＝ドコモの携帯電話ネットワークの仕組みを使用して作成される人口の統計情報で、日本全国の人口を 500m メッシュ単位で 24 時間 365 日把握することが可能なデータ。まちづくり・防災計画等の公共分野での活用から、観光振興や出店計画など学術分野や産業分野まで広く活用されている）によって、大分銀行ドームの集客構造を捉えてみる。

2　モバイル空間統計による来場客の実態推計

2-1　人口分布集計にあたって

集計データの紹介の前に、『モバイル空間統計』データについて留意点を補足しておく。基本的な考え方として、個人情報保護の観点から個人が特定できないように集計対象エリア内の推計人口は「性×年代」別、「（契約者の）居住地域」別に統計化された数値として提供され、個人の特定ができないデータと

11　ビッグデータから見えてくるスタジアム観戦者の姿

して利活用されている。

①集計対象は 15 才〜 79 才

日本国内の NTT ドコモ携帯端末約 7,500 万台※1 が対象となる。

なお、携帯電話の利用者数の少ない 14 才以下の子どもや 80 才以上の来場客については集計対象外としている。

※ 1：約 7,500 万台（2017 年 3 月現在）の運用データから、法人名義や MVNO の契約データ等を除去して推計

②集計エリアは国内全域の任意エリアだが 500m メッシュ単位での分析

大分銀行ドームを含む集計エリアは大分銀行ドームを含む 500m メッシュ単位で設定しており、厳密に大分銀行ドームに居る人だけを集計していない。ただ、スタジアム周辺は民家や商業施設等のない公園エリアの為、ほぼ観戦に訪れた観客とみなして以下の分析を進める。

集計対象とした試合は表 1 のとおり、2017 年シーズンの J2 大分 FC ホームゲーム 21 試合と、2017 年 9 月 24 日に開催されたラグビー・トップリーグの

表1　モバイル空間統計集計対象試合

年度	大会	節	試合開催日	K/O 時刻	ホーム	スコア	勝敗	アウェイ (対戦チーム)	公式発表 入場者数
2017	J2	第3節第2日	03/12（日）	13:03	大分	2-0	○	山口	11,370
2017	J2	第4節第1日	03/18（土）	14:03	大分	0-1	●	徳島	7,150
2017	J2	第6節第1日	04/01（土）	14:03	大分	1-1	△	愛媛	6,788
2017	J2	第8節第1日	04/15（土）	14:03	大分	1-0	○	金沢	6,136
2017	J2	第10節第1日	04/29（土・祝）	14:00	大分	1-3	●	京都	7,334
2017	J2	第11節第1日	05/03（水・祝）	14:03	大分	0-0	△	松本	8,415
2017	J2	第13節第1日	05/13（土）	14:03	大分	4-1	○	名古屋	8,024
2017	J2	第16節第2日	05/28（日）	14:03	大分	1-1	△	岡山	7,030
2017	J2	第18節第1日	06/10（土）	14:03	大分	2-2	△	横浜FC	11,050
2017	J2	第19節第1日	06/17（土）	19:03	大分	2-1	○	讃岐	6,901
2017	J2	第22節第1日	07/08（土）	19:03	大分	0-0	△	湘南	8,827
2017	J2	第24節第1日	07/22（土）	19:03	大分	0-0	△	水戸	7,443
2017	J2	第27節第1日	08/11（金・祝）	19:03	大分	1-3	●	町田	9,525
2017	J2	第28節第1日	08/16（水）	19:03	大分	0-2	●	東京V	6,440
2017	J2	第31節第1日	09/02（土）	19:03	大分	1-0	○	群馬	7,418
2017	J2	第33節第1日	09/16（土）	19:03	大分	1-2	●	長崎	6,265
2017	J2	第36節第2日	10/08（日）	14:03	大分	3-3	△	岐阜	7,121
2017	J2	第37節第1日	10/14（土）	14:03	大分	1-1	△	福岡	8,767
2017	J2	第39節第1日	10/28（土）	14:04	大分	1-2	●	千葉	7,356
2017	J2	第40節第1日	11/05（日）	14:02	大分	1-1	△	山形	9,822
2017	J2	第42節第1日	11/19（日）	16:03	大分	2-1	○	熊本	10,146
2017	ラグビーTL	第5節	9/24（日）	14:00	キヤノン	21-69		ヤマハ	18,279

第 3 部　マネジメントとマーケティング

公式戦「キヤノンイーグルス対ヤマハ発動機ジュビロ」戦の計 22 試合とした。

2-2 来場者推計人数

　2017 年シーズンに大分 FC の試合を観戦に来ている人の性・年代構成はどうであったのか。また、どこの地域から集客していたのだろうか。データは試合開始 3 時間前の時間帯から試合終了後 2 時間後の時間帯まで、各試合の推計人数を集計したが、もっとも推計人数の多かった「各試合キックオフ時間帯」の性・年代構成と居住地域構成をスタジアム入場者の属性と解釈し、21 試合平均を確認してみた。

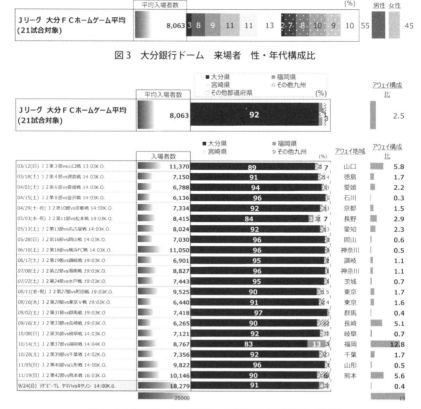

図 3　大分銀行ドーム　来場者　性・年代構成比

図 4　大分銀行ドーム　来場者　居住地域（都道府県）構成比

148

11 ビッグデータから見えてくるスタジアム観戦者の姿

　大分 FC 戦観戦者の男女比は、55：45 であり、男女ともに「60 歳以上」の年代がもっとも多く「40 代」「50 代」が続いている。男女あわせて 40 歳以上の比率は 64％と高年齢層が多い現状が窺い知れる。

　図 5 は来場者がどこの地域から来ているのかについて、スタジアム来場者の居住都道府県を集計してみた。

　2017 年シーズンの大分 FC ホームゲームは、ホームタウンである大分県内居住者が来場者の 92％を占めており、それ以外も福岡県や宮崎県など九州他県居住者が 5％を占め、九州以外の他都道府県からの来場者は 3％であった。また、対戦相手のホーム都道府県からの来場者は 2.5％で、九州以外の対戦相手サポーターにとって大分までの物理的な距離が大きな障壁となっていそうである。

　開催試合別（対戦チーム別）に来場者の居住都道府県構成をみてみると、アウェイチームサポーターと思われるアウェイチーム所在地域の来場客数が多いのは、近県の九州他県（福岡県、熊本県、長崎県）と山口県だが、注目されるのは松本戦の長野県民比率（3％）。ゴールデンウィーク期間中の 5 月 3 日（祝）開催試合ではあるが、約 250 人が観戦に訪れたと推測される。

　続いて、92％を占める大分県民がどの地域から来場しているのか、詳細を居住市町村で確認してみると、来場大分県民の 4 人に 3 人が大分市民である

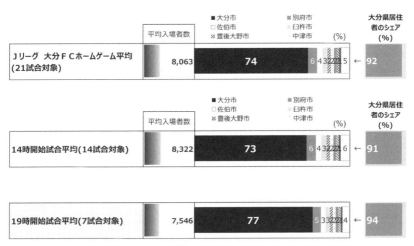

図 5　大分銀行ドーム　来場者　居住地域（大分県内市町村別）構成比

149

第 3 部　マネジメントとマーケティング

ことがわかる。スタジアムへのアクセス利便性の高さが大分市民の足を運ばせている様子が伺えるが、裏を返せば遠方からのアクセス改善をはかることで、大分市以外からの観戦客増の可能性があるとも言える。

　大分 FC ホームゲームをデーゲーム（14 試合）とナイトゲーム（7 試合）に分けて来場者の居住地域を比較すると、デーゲームの方が大分県外からの来場者も多く、大分県内でも「大分市以外」からの来場者比率が高い傾向がある。試合終了時刻が 21 時になるナイトゲームでは帰宅時刻が遅い時間になる為、スタジアムから遠方にお住いの方はどうしても敬遠しがちになることはやむをえないだろうか。

2-3 試合開催時間帯前後のスタジアム滞留状況

　大分銀行ドームエリアの推計人数は各試合で試合開始時刻 3 時間前から試合終了後 2 時間後の時間帯まで測定している。そこで、試合開始時間帯の来場者推計値を 100％として、時間帯毎のエリア滞在人数を集計してみた。試合開始時刻が 14 時（13 時開始、16 時開始の各 1 試合も含む）のデーゲーム 14 試合平均と、開始時刻が 19 時のナイトゲーム 7 試合平均を比較すると、ナイトゲームでは試合開始の 3 時間前＝ 16 時台から来場客の 50％以上がスタジアム周

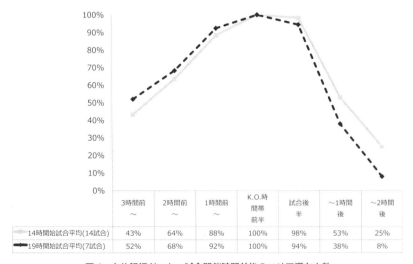

図 6　大分銀行ドーム　試合開催時間前後のエリア滞在人数

11　ビッグデータから見えてくるスタジアム観戦者の姿

辺に集まってきている。その一方で、試合後半の時間帯で 6%の来場客は帰路についていて（※デーゲームの残存率は 98%）、試合終了後の 22 時台には 8%とほとんどの来場客がスタジアム周辺から離れていることが窺える。デーゲーム観戦者は、試合終了後もある程度はスタジアム周辺に滞留している。試合終了直後の駐車場の混雑ピークをあえて回避してゆっくり帰路につこうという来場客も一定数存在しているのかもしれない。（図 6 参照）

2-4　来場者のデモグラフィック特性

　モバイル空間統計のログデータは日本国内の NTT ドコモ携帯端末約 7,500 万台が対象となるが、その中の一部はアンケート回答データを統合して分析することができる。今回はアンケート回答データの内、基本属性として「未既婚」、「同居家族」、「職業」、「業種」、「世帯年収」、「1 ヶ月あたりのお小遣い」、「趣味」について来場者特性を確認してみた。以下に留意点を記す。

- 集計対象試合はこれまでの 2017 年シーズン大分 FC ホームゲーム全試合ではなく、5 月 13 日（土）開催の名古屋戦以降の 15 試合と、2017-2018 シーズンラグビー・トップリーグ大分銀行ドーム開催試合の計 16 試合としている。
- モバイル空間統計と比較してデモグラフィック特性の集計は対象者数が少ない為、大分 FC ホームゲーム観戦者に関しては 15 試合 TOTAL で集計している。
- 尚、観戦者の特性を洗い出す集計軸として以下の切り口で来場者を分析している。

①試合開始時刻別（14 時あるいは 16 時開始／ 19 時開始）

②開催曜日別（金・土・お盆、3 連休の日曜等休前日／通常の日曜日）

③居住地別（大分市／別府市／佐伯市・臼杵市以外の大分県内／その他九州／その他都道府県）

④対象 15 試合の観戦回数量層別（1 試合のみ／ 2 〜 3 試合／ 4 〜 7 試合／ 8 試合以上）

- 表 2 は大分 FC15 試合平均の主な来場者デモグラフィック属性（%）と上記①〜④の属性を 15 試合平均値に対して指数化したものである。特徴の一覧性を高める為、15 試合平均に対して 1.05 以上の回答を塗潰している。

151

第 3 部　マネジメントとマーケティング

表2　大分銀行ドーム開催試合来場者のデモグラフィック特性

- デモグラフィック属性（％）が小さい数値は参考値として傾向をみることとする。

　デーゲームとナイトゲームによる来場客の相違は、前述のとおりデーゲーム来場者の方が遠方地域居住者が多い傾向があるが、「趣味」の嗜好性からデーゲーム来場者は、海外旅行、ファッション、音楽などスポーツ観戦以外への興

152

味関心を示す人が相対的に多く、女性比率が高そうであることも読み取れる。逆にナイトゲーム来場者は男性が比較的多く、身体を動かすこと以外の趣味への興味は高くない。

　開催曜日別の特徴としては、日曜日来場者は日曜日に休みを取れる人が多い為か「職業」の自営業／自由業比率や「業種」の製造メーカー、飲食店・宿泊業の人が多い傾向がある。また同時に専業主婦・主夫比率が高く、「趣味」では料理や美容が高いことから女性も（おそらく子ども連れで）観戦に訪れているであろうことが窺える。

　居住地域別の特徴としてはスタジアム所在地である大分市は「既婚ファミリー層の家族観戦」が比較的多いことが窺える。別府市も大分市のプロフィールに近いものの、低めの世帯年収や音楽や運動、ファッション、レジャー施設への嗜好性が垣間見えることからもう少し若い年齢の観戦者像が推測される。スタジアムから遠いその他の大分県内地域から来場している人は、他県からの来場者を含めて「未婚」比率が高く、自分がすることも含めて「サッカー好き」な人が多そうである。居住地がその他都道府県の来場者は、ほぼ対戦相手のアウェイサポーターと考えられるが、未婚比率は高いが会社役員・管理職比率も高く、「世帯年収」は低価格帯層と高価格帯層両方存在し、1ヶ月あたりのお小遣いは比較的高水準という状況から「比較的自由に時間とお金を使えるサッカー好き」といえそうである。趣味も比較的多才で、国内外問わぬ旅行好きでもあり、車・バイクとお酒も好きな人達であることがみてとれる。

　観戦回数頻度別には、1試合しか観戦していない人は過半数の55％を占めており、その観戦者の特徴は若年層も多いが比較的高い「世帯年収」と「お小遣い」の人も多く、音楽、旅行、美容、ファッションといった「趣味」の回答水準が高いことから女性比率も高いと想像できる。2〜3試合観戦者は「既婚」で「子ども」もおり、「趣味」でも料理、レジャー施設、美容、ファッション等の回答水準も高い等家族連れで観戦を楽しむ人が多く含まれることが推測される。もう少し頻度が高い4〜7試合観戦者は、未婚者も子どもがいる人もどちらも多く、1ヶ月のお小遣いは比較的高い水準にある。8試合以上観戦しているヘビー観戦層は一般会社員が多く、世帯年収は標準的で1ヶ月のお小遣いは比較的少ないものの、スポーツ観戦が好き。だがそれだけではなく「趣味」は飲食・お酒、国内旅行に温泉、レジャーと、極端にサッカーにだけ興味関心

第 3 部　マネジメントとマーケティング

が向いている観客像ではないことは注目される。

　ヘビー観戦層はおそらくシーズンパス、あるいは回数券を購入してくれているであろう大切なサポーターであるだけに、サッカー観戦の楽しみを届けるだけに留まらず、スポンサー企業や地元地域企業と連携を強化することでサッカー観戦前後やシーズンオフにもチームを通じて "FUN" を感じてもらうことができれば更にチームとの絆を強めることができるかもしれない。

　では現状、大分銀行ドームでサッカー観戦を楽しむ前後に自宅とスタジアムの往復だけでなく来場者はどこか周辺エリアに立ち寄ったりしているのであろうか。大分銀行ドームは大分市中心部・JR 大分駅から車で 30 分前後の距離に位置する。ほとんどの来場客は自家用車でスタジアム周辺の駐車場まで直接向かっているが、試合開催日には JR 大分駅からもシャトルバスが運行されている。遠方からの来場者は特に試合の前後には JR 大分駅近辺を経由して大分銀行ドームに訪れている来場者も多いのではないか。

　これまで、特に遠方からの来場者に関して、周辺エリアへの回遊行動実態を捕捉したことは無かったが、今後スタジアム外も含めて大分銀行ドーム来場者への体験価値向上施策を企画、実行してゆく前に、回遊行動実態の現状把握を行うことにする。

2-5　大分銀行ドーム来場者の回遊分析

　試合観戦者を「試合中 1 時間以上大銀ドームエリアに滞在したサンプル」と定義し、そのサンプルの前日から翌日までに滞在した地点を測定する。但し、膨大なデータとなるので以下のように集計仕様を定めた。

■集計対象試合：表 3 の 5 試合合計値

■測定時点：試合前日の宿泊場所（＝試合当日の深夜 3 時台）→試合開始 6 時間前→ 3 時間前→（試合時間）→試合終了 2 時間後→ 5 時間後→試合当日の宿泊場所（＝試合翌日の深夜 3 時台）→→試合翌日 8 時→ 11 時→ 14 時→ 17 時

■滞在先エリア：5 エリア（パークプレイス大分周辺／大分市中心部／大分市その他地域／別府市全域／それ以外のエリア）

■集計軸：居住地区分（大分市／別府市／佐伯市／臼杵市／その他大分県内／九州（大分県以外）／全国（九州以外））

11 ビッグデータから見えてくるスタジアム観戦者の姿

表3 来場者回遊分析 対象試合（5試合）
■集計対象試合（5試合）

節	試合開催日	K/O時刻	ホーム	スコア	勝敗	アウェイ（対戦チーム）	公式発表入場者数
第13節第1日	05/13(土)	14:03	大分	4-1	○	名古屋	8,024
第18節第1日	06/10(土)	14:03	大分	2-2	△	横浜FC	11,050
第33節第1日	09/16(土)	19:03	大分	1-2	●	長崎	6,265
第37節第1日	10/14(土)	14:03	大分	1-1	△	福岡	8,767
第42節第1日	11/19(日)	16:03	大分	2-1	○	熊本	10,146

■集計対象試合（5試合）来場者の居住エリア構成比

　大分市内から大分銀行ドームへの来場者は集計対象5試合平均で66％と、来場客のほぼ2/3を占めている。表4より、試合当日未明に「大分市中心部（JR大分駅の北側トキハ、ジャングル公園、市役所等含むエリア）」を含む大分市内には98％が滞在していることがわかる。時間の経過とともに滞留エリアの構成比は変化してゆくが、早い人は試合開始6時間前時点でスタジアム周辺に既に到着していることがわかる（2％）。スタジアム南側の「パークプレイス大分周辺」にも1％が確認できる。

　試合開始3時間前の時間帯には21％がスタジアム周辺に到着・滞在している。試合を観戦、試合終了2時間後の時間帯にはスタジアム周辺から移動してしまっていて、「パークプレイス大分周辺」にも1％しか滞在していない。注目は「大分市中心部」で4％が試合終了2時間後の時間帯には滞在していたことがわかる。試合当日未明には2％が滞在していたので、差し引いた2％がこの時間帯にスタジアムから回遊・滞在していることが推測できる。推計人数は約100人。

　スタジアム近郊の別府市、臼杵市、佐伯市を除外した、遠方の大分県内エリアからの来場者（観戦者の13％）について確認してみる。試合開始3時間前の時間帯にはパークプレイス大分周辺も合せて29％がスタジアム周辺に到着している。大分市内居住者に比べて6ポイント高いが、遠方からの移動で時間が読めない為に早めに移動している為かもしれない。試合終了後2時間後の時間帯には77％が大分市、別府市以外の地域に居る。試合終了後どこかに立ち

155

第3部　マネジメントとマーケティング

寄っているかの判断はできないが、「大分市中心部」では2％しか観測されていない。

　以上から大分県内からのスタジアム来場者については、自宅とスタジアムとの往復時にそれほど多くの人が長時間他のエリアに回遊・滞在しているわけではなさそうに思われる。

　今回集計対象5試合中3試合が九州他県との対戦カード（対長崎、対福岡、対熊本）であったので、九州他県からスタジアムへ来場した人は8％（推計約700人）。この来場者の試合当日未明の時間帯の滞在エリアを確認すると、大分市・別府市エリアに10％が滞在していることがわかる。また、試合当日の深夜には同じく16％が滞在していて、アウェイサポーターが試合に合わせて前泊、あるいは試合当日に宿泊している可能性が考えられる。

　※但し、2017年9月16日（土）19：00開催のV・ファーレン長崎戦は、台風による悪天候の為に大分に足止めを余儀なくされたアウェイサポーターが存在したかもしれない可能性については触れておく。

　さらに遠方からのスタジアム来場者（1％、推計約100人）について試合当日未明の時間帯における大分市・別府市エリア滞在率を確認すると、35％が滞在していることがわかる。試合当日の深夜時間帯は更に増え65％となっている。

　今回対象の5試合では来場者構成比は1％に過ぎなかったが、アウェイから遠征してくるサポーターが増加すれば、高い確率で大分県内に宿泊してもらえるであろうことがモバイル空間統計というビッグデータを用いることによって可視化することができたと言えよう。

3　ラグビー・トップリーグ来場客とサッカー来場客の相違

3-1　大銀ドーム開催　トップリーグ観戦来場者とは

　ここまではJ2リーグ戦大分FCホームゲーム開催試合の来場客についてその属性や回遊行動を紹介してきたが、今回のモバイル空間統計による来場者推計対象には1試合だけラグビー・トップリーグの試合も含まれている。（第5節：2017年9月24日（日）14：00キックオフ、キヤノン・イーグルス vs ヤマハ発動機ジュビロ）

11　ビッグデータから見えてくるスタジアム観戦者の姿

表4　試合前後の時間帯別　滞在先エリア

■大分市内からの来場者（66%）

	大銀ドーム周辺	パークプレイス大分周辺	大分市中心部	大分市その他地域	別府市全域	その他地域（大分市・別府市以外）
試合前 試合当日3時（未明）	0%	0%	2%	96%	0%	2%
試合開始6時間前	2%	1%	3%	89%	1%	3%
試合開始3時間前	21%	2%	3%	72%	1%	3%
【試合開催中】	100%	0%	0%	0%	0%	0%
試合後 試合終了2時間後	0%	1%	4%	92%	1%	1%
試合終了5時間後	0%	0%	3%	95%	1%	1%
試合翌日3時（未明）	0%	0%	2%	97%	1%	1%
試合翌日8時	0%	0%	5%	89%	2%	4%
試合翌日11時	0%	0%	5%	84%	2%	7%
試合翌日14時	0%	1%	5%	84%	2%	7%
試合翌日17時	0%	1%	5%	88%	2%	4%

■その他大分県内からの来場者（大分市、別府市、佐伯市、臼杵市以外　13%）

	大銀ドーム周辺	パークプレイス大分周辺	大分市中心部	大分市その他地域	別府市全域	その他地域（大分市・別府市以外）
試合前 試合当日3時（未明）		1%	1%	5%	1%	94%
試合開始6時間前	1%	1%	1%	13%	4%	79%
試合開始3時間前	22%	7%	1%	37%	6%	26%
【試合開催中】	100%	0%	0%	0%	0%	0%
試合後 試合終了2時間後	0%	2%	2%	13%	5%	77%
試合終了5時間後			1%	7%	2%	91%
試合翌日3時（未明）			1%	6%	2%	93%
試合翌日8時			1%	11%	3%	86%
試合翌日11時		0%	0%	13%	5%	82%
試合翌日14時	0%		0%	14%	3%	82%
試合翌日17時			0%	10%	3%	87%

■九州他県からの来場者（8%）

	大銀ドーム周辺	パークプレイス大分周辺	大分市中心部	大分市その他地域	別府市全域	その他地域（大分市・別府市以外）
試合前 試合当日3時（未明）			2%	6%	2%	91%
試合開始6時間前	0%	1%	2%	14%	3%	79%
試合開始3時間前	21%	4%	2%	49%	4%	20%
【試合開催中】	100%	0%	0%	0%	0%	0%
試合後 試合終了2時間後	0%	0%	6%	11%	8%	74%
試合終了5時間後			6%	6%	4%	85%
試合翌日3時（未明）			6%	7%	3%	84%
試合翌日8時			5%	6%	4%	85%
試合翌日11時			1%	5%	3%	91%
試合翌日14時		0%	1%	4%	1%	93%
試合翌日17時		1%	1%	3%	1%	95%

■その他都道府県からの来場者（1%）

	大銀ドーム周辺	パークプレイス大分周辺	大分市中心部	大分市その他地域	別府市全域	その他地域（大分市・別府市以外）
試合前 試合当日3時（未明）			10%	16%	10%	65%
試合開始6時間前	1%	6%	10%	29%	11%	43%
試合開始3時間前	15%	2%	4%	63%	3%	13%
【試合開催中】	100%					
試合後 試合終了2時間後		7%	18%	37%	8%	30%
試合終了5時間後			21%	34%	9%	36%
試合翌日3時（未明）			25%	31%	9%	35%
試合翌日8時			17%	31%	9%	43%
試合翌日11時		4%	6%	34%	9%	48%
試合翌日14時		4%	8%	26%	8%	54%
試合翌日17時			8%	17%	11%	65%

第3部　マネジメントとマーケティング

　この試合は、ラグビーワールドカップ2019日本大会を盛り上げる為に国内トップレベルの試合を地方会場で開催する試合の1つではあったが、本大会の開催地で2017年11月2日に開催都市別の対戦組合せ・日程が決まるまでに大分県としても大分県民にラグビーを更にPRして大分銀行ドームでの大会開催の気運を盛り上げる試合として重要視されていたであろう。結果として、この試合は18,279人の動員に成功した。この来場客数は2017-2018シーズントップリーグの全試合で3位を記録する誇れる数といえよう。

　以下、大分FC来場者と比較しながら、今回18,000人の動員に成功したラグビー観戦客の属性を紹介する。

　男女比は男性54％、女性46％と大分FC来場者とあまり変わらないが、最も多い年代は男女ともに「40代」とファミリー世代がもっとも多かった。

　モバイル空間統計によるラグビー観戦客の分析では、サッカーの試合よりも観客数が少なく推計されていた。その一要因として考えられるのは推計に反映されない14才以下の子どもの来場客数が多かったことであるが、そのことを裏付けるようにおそらく子ども連れのファミリーでの来場者が多かったのではないかと推測される。

　デモグラフィック特性からもラグビー来場客のプロフィールを推測してみる（表2より）。

　子どもがいる既婚者比率が高く、「職業」では会社の管理職・役員比率と公務員・団体職員比率が高い。また専業主婦・主夫比率も同時に高いことから女性の観戦客数も多かったと推測される。「世帯年収」と「1か月あたりのお小遣い」も高い水準にあり、「趣味」は総じてサッカー観戦者よりも高い傾向が

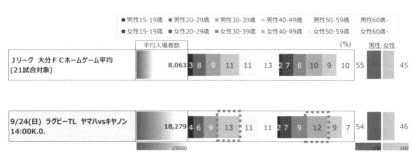

図7　ラグビートップリーグ来場者　性・年代構成比

158

11 ビッグデータから見えてくるスタジアム観戦者の姿

ある。但し、スポーツ観戦を趣味と答えている人は少なく、ふだんスポーツ観戦をあまりしていなかったが、多趣味で好奇心旺盛な人達の動員に成功している様子がうかがえる。

この結果からも、サッカーファンと今回のラグビー観戦者層はそれほど被っていないのではないかとも考えられるが、だとすれば互いの競技の観戦の楽しさを共感する機会があれば「スポーツによる地域の活性化」にも繋がってくるのではないか。

3-2 ラグビーワールドカップ 2019 日本大会への県民の期待感

前項ではモバイル空間統計によってラグビー・トップリーグ来場客の特性に迫ったが、そもそも人気選手を抱えるチームの対戦カードであったにせよ、秩父宮ラグビー場でもそうそう集客できない 18,000 人の動員を達成するパワーが大分県のどこにあったのだろうか。モバイル空間統計のようなビッグデータではなく、従来の意識調査に類するものではあるが、当社の自主企画調査において、「ラグビーワールドカップ 2019 日本大会の開催認知」を 2015 年 9 月からトラッキングしている結果がある。2016 年 3 月以降は、全国約 30 万サンプル調査としてインターネット調査を行ってきている。調査結果については、都道府県×性×年代の母集団構成比に合わせてウエイトバック集計を施しているが、最後に紹介する。

図 8 のとおり、大分県は前回の 2015 年ラグビーワールドカップイングラン

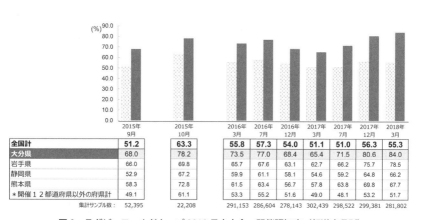

図 8　ラグビーワールドカップ 2019 日本大会　開催認知度（都道府県別）

第 3 部　マネジメントとマーケティング

ド大会前から全国でもトップの大会開催浸透度であったが、大会で日本代表が
南アフリカを破った「ブライトンの奇跡」直後の 10 月に実施した調査で記録
した 78.2 ％という認知率を、2017 年 12 月調査では上回り、最新調査では 84
％の大会開催認知率であった。（※ 20 歳〜 69 歳）

　大分県は調査開始以来、常に全国 1 位であり続けているが、この間の地道な
地域での告知、PR 活動の成果が、2017 年 9 月に開催されたトップリーグ公式
戦の観客動員数として明確に顕れたとも言えないだろうか。

　本章では位置情報というビッグデータによるスポーツ観戦者の実態把握、行
動推計に迫ってみた。今後は技術の進歩とデータ利活用の理解・推進によって
更に精緻なログ情報（例えば GPS データによる動線分析等）による行動解析
が進んでゆくであろう。ただ、今回のプロジェクトがそうであったように、行
動ログ・履歴だけではその行動の背景や理由を完全に理解することは難しい。
ファン構造を理解する為の複層的なアプローチは、今後も試行錯誤を繰り返し
ながら突き詰めてゆきたい。

12

地方都市でプロスポーツが成り立つ理由 —人口・経済規模の影響を考える—

武藤泰明（早稲田大学）

1 はじめに

　日本のプロスポーツの特徴の一つは、多くの有力チームが「実は企業スポーツ」だという点である。プロ野球は広島カープを除く 11 球団のオーナーが企業である。広島はオーナーこそ企業ではないが、実質的には企業スポーツにかなり近い。プロサッカー（J リーグ）は、鹿島（新日鉄住金）、柏（日立製作所）、大宮（NTT）、FC 東京（東京ガス）、千葉（JR 東日本と古河工業）、磐田（ヤマハ発動機）、名古屋（トヨタ）、京都（京セラ）、ガンバ大阪（パナソニック）、セレッソ大阪（ヤンマーと日本ハム）、広島（マツダとエディオン）等のオーナーが企業である。神戸は楽天系の会社が保有している。浦和と横浜 F マリノスも現在の株主は特定の 1 社ないし 2 社というわけではないが、それぞれ、三菱重工業（浦和の当初のオーナーの三菱自動車は三菱重工業の内部組織として発足した）と日産自動車が母体であることについて一般的に同意されると言ってよい。

　プロスポーツのこのようなオーナーシップの特徴は、他の国ではあまり見られないものである。米国のプロスポーツでは、企業はオーナーにならない。ならないのではなく、なれないスポーツもある。欧州プロサッカーのチームの多くは地域スポーツクラブから生まれたもので、それぞれの地域クラブは非営利組織である。ドイツ・ブンデスリーガでは、この非営利組織と民間企業が共同出資して商業法人としてトップチームが設立される例があるが、議決権の過半は地域クラブが持つことが定められている。つまり企業はオーナーにはなれな

161

第 3 部　マネジメントとマーケティング

いというルールになっている。例外はウォルフスブルグ、レバークーゼンでそ
れぞれフォルクスワーゲン（自動車）とバイエル（製薬）が実質的なオーナー
であるが、筆者が 2005 年にブンデスリーガでインタビューした際、リーグの
責任者は、この 2 社はドイツでは公益的な存在であると（少なくとも当時は）
答えた。

　日本の「企業スポーツ型」のプロスポーツチームは、事業資金の多くをオー
ナー企業に依存する。会計上の科目としては、チームから見ると「スポンサー
収入」、企業からみると「広告宣伝費」である。そして、企業スポーツ型では
ない、つまりオーナーを持たないプロチームは、オーナー以外に収入源を求め
なければならない。よく言われる「地域密着型」のプロチームとして運営され
ることになる。これらのチームの収入は一般的に少ないので、Jリーグで言えば、
J1 上位は企業スポーツ型のチームで占められることになる。

　では親会社のない地域型のチームの事業費はどのように賄われるのか。その
主なものは、入場料収入とスポンサー収入である。入場料収入は、常識的に考
えるなら、人口が多いほどファンの数も多いので大都市が有利だということに
なるだろう。また地域型のチームのスポンサーは主に地元企業である。全国あ
るいは世界に、社名やブランドを露出したいと考える企業はおそらく少ない。
そしてそうだとすると、これら地元スポンサーが広告宣伝費を支出するインセ
ンティブは、

a.　そのチームの試合が見られ、報道されること

b.　その地域での自社の BtoB ないし BtoC の取引が収益をもたらすこと

であろう。

　ここで、a は人口の関数である。つまり、人口が多い地域のほうが有利である。
b については、その地域が生み出す付加価値の関数であるということができる。
すなわち、消費が多ければ BtoC の企業にとって有利である。BtoB の企業で
あっても、自社の取引先企業のエンドユーザーが地域内であれば、消費はイン
センティブにつながる。また消費以外の投資、すなわち個人であれば住宅投資、
企業の設備投資、地方自治体等の投資（公共工事など）が生み出す付加価値も、
企業の収益源となる。このように見るならば、人口と経済規模が大きい地域ほ
ど、プロスポーツの成立基盤が大きい。換言すれば、入場者が多く、スポンサ
ー収入も得やすいということになるだろう。さらに言えば、企業スポーツ型の

162

チームであっても、大都市やその周辺に所在していれば入場料収入が多く、親会社以外のスポンサーも集めやすい、つまり収入が多くなるものと思われるのである。

　本稿では、人口や経済規模が大きい地域は、プロスポーツにとって有利なのかどうかを検証してみたい。直感的にはそうなのだが、実態はどうも違うのである。それをデータで確かめる。またその過程で、人口や経済規模の少なさ、小ささを克服しているチームや地域を明らかにしてみたい。

2　人口と観客数

　まず、人口の多い地域に所在するチームは観客数が多いのかという点について。データとしては、Jリーグのホームページから各チームの年間観客数（2014年）を確認する。都市人口については、2015年の国勢調査速報を利用するが、問題は、地元地域（Jリーグの語を使えばホームタウン）の定義が各チームに委ねられており、必ずしも統一性がないという点である。そこで原則として、ホームページに記載されているホームタウンのうち、一番最初に名前が載っている市町村について都市人口を確認する。この方法だと、鹿島アントラーズの地元は鹿嶋町になるが、実際には「地元」はもう少し広域かもしれない。一方、FC東京のホームタウンは東京都全域だが、これだと都市人口は1300万人を超える。一方で鳥栖市は7万人である。これでは比較にならないので、FC東京を検討から除外することにする。また横浜市にはマリノスと横浜FCがあり、さいたま市には大宮アルディージャと浦和レッズがあるので、この2例については都市人口をそれぞれ横浜市とさいたま市の2分の1と考えることにする。最後に、湘南ベルマーレについては平塚市がもともとの地元だが、現在はチーム名のとおり平塚市だけが地元と言うわけではないので検討から除外することにする（表1）。

　このような操作をしたあとで、年間観客数と都市人口の相関係数をみると、J1では0.423であった。つまり、一定の相関がある。人口が多ければ観客数も多いということである。この結果は直感ないし常識に従うものだと言えるだろう。しかし、J2については、この相関係数が0.020であった。つまり、J2には、常識が通用しないということである。

163

第 3 部　マネジメントとマーケティング

表 1　J クラブの観客数と都市人口の関係

J1	a. 2014 年間観客数	b. 都市人口	c. a/b(%)	J2	a. 2014 年間観客数	b. 都市人口	c. a/b(%)
仙台	257,949	1,082,135	24	札幌	232,255	1,953,784	12
鹿島	300,310	67,885	442	山形	133,316	252,453	53
浦和	603,770	632,127	96	水戸	99,422	270,823	37
大宮	183,791	632,127	29	栃木	111,178	518,761	21
柏	182,161	414,054	44	群馬	78,961	336,199	23
川崎 F	283,241	1,475,300	19	千葉	195,999	972,639	20
横浜 FM	392,496	1,863,084	11	横浜 FC	108,064	103,452	6
甲府	206,904	193,123	107	松本	267,402	243,383	110
新潟	390,648	810,514	48	富山	89,596	418,900	21
清水	241,577	705,238	34	磐田	184,261	167,260	110
名古屋	284,474	2,296,014	12	岐阜	159,259	406,866	39
G 大阪	250,738	374,526	67	京都	157,911	1,474,570	11
C 大阪	367,651	2,691,742	14	岡山	176,477	719,584	25
神戸	255,185	1,537,860	17	讃岐	69,664	420,943	17
広島	254,951	1,194,507	21	愛媛	80,228	515,092	16
徳島	151,034	258,602	58	福岡	106,303	1,538,510	7
鳥栖	240,323	72,910	330	北九州	76,072	961,815	8
平均	285,130			長崎	101,611	429,644	24
a と b の相関係数		0.423		熊本	147,046	741,115	20
b と c の相関係数			-0.565	大分	176,859	478,335	37
				平均	137,594		
				a と b の相関係数		0.020	
				b と c の相関係数			-0.569

　この理由を考えてみる。もっとも妥当だと思われるのは、J2 には、「大都市の」「企業チーム型のクラブ」が少ないという点であろう。この 2 つの条件に該当するのは、千葉と京都だけである。これらのチームは J2 平均より観客数は多いのだが、絶対数（2 チーム）が少ない。また札幌、横浜 FC、福岡、北九州は大都市のチームだが、この中で J2 平均より観客数が多いのは札幌だけである。この事実から導かれる仮説はつぎの 2 つである。

1)　J1 であれば、人気が高いので、都市人口と観客数が比例する
2)　「大都市にある企業チーム」を除けば、都市人口と観客数には関係が見られない

　この 2 つの仮説は並び立たないのだが、J1 には「大都市にある企業チーム」

164

が多いので、これらを除外して分析すれば現実から乖離した結果を導くことにもなるのだろう。つまり結論は出ないのだが、J2 では都市人口と観客数の間に関係が見られないのは確かな事実である。

つぎに、年間入場者数を都市人口で割ってみる。この数字が高ければ、地域住民の中で観戦する人の割合が高い。もちろん、ファンの中には何度もスタジアムに行く人がいる。つまり入場者数は「延べ人数」なので、厳密に言えば入場者の割合ではないが、代替的な指標にはなるだろう。表のc列に示す。J1 では、鹿島が442％で最大である。これについては、前述のように「地元」を鹿嶋町に限定しているので、数字が高めに出ているものと思われるが、鹿島の数値が高いことは直感に合致する。2 位は鳥栖の330％で、おそらくこの理由は、鳥栖市（佐賀県）に久留米市（福岡県）が隣接していることである。鳥栖市の人口は 7 万人だが、久留米市は 30 万人を超えている。とはいえ、久留米市は鳥栖市とは別の県にあるので、久留米市はホームタウンではない。そう考えるなら、たとえ久留米市から入場者が来ているとしても、サガン鳥栖は集客で健闘しているということができるだろう。3 位は甲府で、甲府市の人口より入場者数のほうが多い。以下、値は 100％を下回るが、浦和、ガンバ大阪、徳島が続く。

そして、このcと都市人口との相関係数は、J1 では -0.565 である。つまり、都市人口が少ないほど、観客の割合—ここでは観客密度と呼ぶことにする—が高い。この傾向は J2 でも同じで、相関係数は -0.569 であり、J1 と同様の結果になっている。

スタジアムによる収容人数の格差は、人口格差より小さい。だから、人口の少ない地域ほどこの顧客密度が高くなることは、直感に適っている。当たり前といえば当たり前なのだが、それが意味するのは、人口の少ない地域ほど、試合を見に来る人の割合が高いことであり、それだけ地元地域からチームが支持されているということになるのだろう。そして上に述べた仮説 2 にしたがうなら、ホームタウンはあまり大きくないほうがよいという結論が導かれるのである。

3　地域の経済力を測る

ホームタウンを小さく設定することは、地域住民の盛り上がりという観点か

第3部　マネジメントとマーケティング

らはメリットがありそうだ。つまり、地域人口が少ないことはメリットになるかもしれない。しかし、デメリットもある。それは、地域のスポンサー企業が限られるという点である。企業の密度格差は、人口の格差より大きい。換言すればスポンサーとなる企業、とくにメインスポンサーとなりうる企業は大都市部に集中しているので、人口の少ない地域のチームは、入場者数あるいは入場料収入では健闘できるが、スポンサー収入の面では太刀打ちできないのではないかということである。以下ではこの点を検討してみたい。

方法としては、都道府県の経済規模、とくに「内需付加価値」に着目する。都市の経済データがあればよいのだがあいにく使える指標が限定されるので、都道府県のデータを用いる。具体的なデータは各都道府県の県民経済計算である。手順としては

①各都道府県の年間の内需額を集計する
②この内需から、原価にあたる移入（国民経済計算であれば輸入）を差し引いて「内需付加価値」とする

のだが、問題は、移入は「移出（国民経済計算であれば輸出）の原価」と「内需の原価」に分かれていないという点である。つまり、内需の原価を正確に算出することができない。そこで、「移出と内需の原価率は同じである」という仮定を置く。そして内需から原価を差し引き、内需付加価値とする（図1）。

内需付加価値という指標はどのような意味を持つものなのか。概念としては、都道府県内の消費、政府消費、住宅投資、設備投資、公共投資（県民経済計算上は公的固定資本形成）、在庫増減の合計から、原価としての移入を差し引い

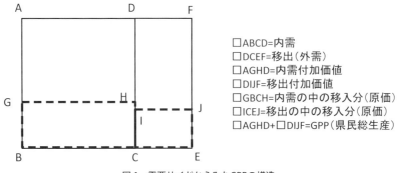

図1　需要サイドからみたGPPの構造

12　地方都市でプロスポーツが成り立つ理由

表2　各指標ごとの都道府県の順位

都道府県	名目GPP順位	人口順位	内需順位	内需付加価値順位	1人あたりGPP順位	1人あたり内需付加価値順位	名目GPP順位	都道府県	名目GPPと1人あたり内需付加価値の順位査
東京	1	1	1	1	1	1	47	鳥取	42
大阪	2	3	2	2	3	3	46	高知	36
愛知	3	4	4	3	2	4	41	福井	34
神奈川	4	2	3	4	34	32	45	島根	30
埼玉	5	5	5	6	42	36	35	秋田	23
千葉	6	6	6	8	38	39	28	青森	20
北海道	7	8	7	5	24	2	31	石川	17
兵庫	8	7	8	9	37	45	33	大分	17
福岡	9	9	9	7	23	9	43	佐賀	17
静岡	10	10	10	10	8	40	44	徳島	16
広島	11	12	11	11	11	6	32	富山	15
茨城	12	11	12	12	18	35	42	山梨	15
京都	13	13	13	13	16	19	38	宮崎	14
新潟	14	14	14	14	20	11	26	鹿児島	13
宮城	15	15	15	15	29	21	34	沖縄	12
長野	16	16	16	17	15	31	29	長崎	11
栃木	17	20	18	20	5	34	30	岩手	7
福島	18	18	17	18	17	29	37	香川	7
三重	19	22	20	25	7	47	7	北海道	5
群馬	20	19	21	23	22	46	11	広島	5
岡山	21	21	22	22	21	41	25	熊本	5
岐阜	22	17	19	16	27	25	14	新潟	3
滋賀	23	30	26	32	6	37	1	東京	0
山口	24	25	25	28	9	33	9	福岡	0
熊本	25	23	23	19	43	20	2	大阪	-1
鹿児島	26	24	24	21	36	13	3	愛知	-1
愛媛	27	26	27	31	33	43	36	山形	-2
青森	28	31	30	24	32	8	40	和歌山	-2
長崎	29	27	28	26	40	18	22	岐阜	-3
岩手	30	32	29	29	31	23	39	奈良	-5
石川	31	35	33	33	10	14	13	京都	-6
富山	32	37	37	37	13	17	15	宮城	-6
大分	33	33	31	30	14	16	24	山口	-9
沖縄	34	28	34	27	47	22	18	福島	-11
秋田	35	38	36	35	39	12	23	滋賀	-14
山形	36	34	35	38	41	38	16	長野	-15
香川	37	40	40	39	12	30	27	愛媛	-16

167

宮崎	38	36	38	36	44	24	17	栃木	-17
奈良	39	29	32	34	46	44	21	岡山	-20
和歌山	40	39	39	40	35	42	12	茨城	-23
福井	41	43	42	41	4	7	20	群馬	-26
山梨	42	41	41	43	19	27	4	神奈川	-28
佐賀	43	42	43	42	28	26	19	三重	-28
徳島	44	44	44	45	25	28	10	静岡	-30
島根	45	46	46	46	30	15	5	埼玉	-31
高知	46	45	45	44	45	10	6	千葉	-33
鳥取	47	47	47	47	26	5	8	兵庫	-37
スピアマンの順位相関（対名目GPP)	0.98	0.99	0.97	0.33	0.01				

たものである。くだけた言い方をするなら、都道府県内に落とされた「真水のお金」ということができるだろう。そして、このお金を受け取るのは主に企業である。消費なら小売店、政府消費なら病院や介護施設、住宅なら建設会社等々である。すなわち、これら企業は、この内需付加価値を得るために、エンドユーザーである消費者や自治体、あるいは工場に対してプロモーションなどのコミュニケーション活動を行う。

　検討する指標として内需に着目し、移出を考慮しないのは、移出の相手がその都道府県内に存在しないためである。またしたがって、内需付加価値は、サプライヤーである企業から見た場合の、その都道府県の魅力度を表しているということができる。一人当たり内需付加価値は、都道府県民一人一人の魅力度である。

　分析の方法としては、スピアマンの順位相関係数を用いて、内需付加価値と他の人口・経済指標との関係を見る。一般的な相関係数ではなく順位相関を用いるのは、たとえばGPP（県内総生産。国全体のGDPに相当する）であれば1位の東京が85兆円、47位の鳥取は2兆円弱であり、都道府県間の差が大きく、結果として相関が見かけ上高くなる。これを避けたいというのが第一の理由である。第二には、47都道府県に順位を付すことにより、それぞれの都道府県の特徴を俯瞰しやすくなるものと考えた。その結果が表2である。

　各列の最下段に順位相関を示しているが、GPPと人口との順位相関は0.98となっている。つまり、経済規模は人口と高い相関がある。同様に、内需とGPPの順位相関も高い。0.99である。また内需付加価値とGPPの順位相関も

0.97 である。すなわち、経済指標は人口によって説明することができる。

つぎに、GPP と一人当たり GPP の順位相関は 0.33 になっている。都道府県の全体としての経済規模と一人当たりの経済規模との相関があまり高くないということである。直観ないし常識的には、大規模な経済圏（この場合は都道府県）は人口が多く一人当たりの経済指標も高いと考えがちだが、必ずしもそうではないということだ。

この傾向がさらに顕著なのが、GPP と一人当たり内需付加価値の関係である。順位相関係数は 0.01 になっている。つまり、この 2 つの指標には、関係が見られないのである。

では、GPP と一人当たり内需付加価値は、相互にどのように無関係なのか。あるいは、無関係であることについて一定の法則を見出すことができるのだろうか。スピアマンの順位相関係数は、

$$1 - 6 \times \Sigma\, D^2 \,/\, (N^3 - N)$$

で示される。D は相関を計算する 2 つの変量の差であり、N は標本数である。したがって、各都道府県の GPP 順位と一人当たり内需付加価値順位との差が大きければ、相関係数は下がることになる。表 2 の右項は、この順位差によって都道府県を並べてみたものである。

最も順位差が大きいのは鳥取県で、同県は GPP は 47 位、つまり最下位なのだが、一人当たり内需付加価値順位は全国で 5 位である。順位差は 42 なので、鳥取県だけで順位相関計数を 0.1 程度引き下げていることになる。つぎに順位差が大きいのは高知県だが、同県は GPP 順位は 46 位、一人当たり内需付加価値は 10 位で、順位差は 36 である。以下、順位差が大きいのは福井県、島根県だが、いずれも GPP 順位は 40 位以下である。GPP 順位の下位の都道府県が、一人あたり内需付加価値が高く、順位相関係数を引き下げていることが分かる。さらに見ていくならば、順位差の大きい都道府県の中に、GPP 順位が上位の都道府県がないことがわかる。上位 18 県の中で、GPP 順位が最も高いのは鹿児島県の 26 位である。

逆に、順位差のマイナスが大きいのは順に兵庫県、千葉県、埼玉県、静岡県、三重県、神奈川県である。これらの 5 県で、順位相関係数を 0.34 引き下げている。5 県に共通するのは、大都市圏に隣接しているという点であろう。すなわち、兵庫県は大阪府、千葉県・埼玉県・神奈川県は東京都、静岡県・三重県

第 3 部　マネジメントとマーケティング

は愛知県に隣接している。首都圏を例にとるなら、容易に想像できることは、千葉・埼玉・神奈川の県民は、東京都に働きに行って昼食は都内で食べ、電車やタクシーなど都内の交通機関を利用し、時に都内で夜の会食をし、都内のデパートに買い物に出かける。つまり、人口としてはそれぞれの県でカウントされているのだが、消費の一部は東京都の GPP に貢献しているということである。換言すれば、この 3 県の企業から見て、県民はプロモーションの対象として、直感的に諒解されるほどには魅力的ではないのである。

　さて、そうだとすると、東京都、大阪府、愛知県の内需および一人当たり内需付加価値は、昼間人口が多いことによって「かさ上げ」されていると考えるべきであろう。またしたがって、これら 3 つの都府県の企業にとって、プロモーションの対象は、必ずしも地元の住民ではないということだ。そしてそうであれば、住民の地元意識に訴えかけるプロモーションは、人口や経済規模から予見されるほどには合理的なものではないということになるのである。

　結論は、プロスポーツの立地を考える場合、地方の魅力は、高いとは言えないが、少なくとも低くはないということである。もちろん、集客は「観察された自然現象」ではなく、チームの努力の結果である。とはいえ、大都市のチームが努力をしていないはずもないので、人口規模が小さいことは、何らかのメリットを生み出している可能性がある。そして、スタジアムに集まった人々は、スポンサーからみて、大都市の観客と同じように魅力的なのである。

13

「スポーツ経営」を哲学してみる
─日本のスポーツが「エクセレント」な存在となるために─

町田　光（スポーツブランディングジャパン シニアディレクター）

1　はじめに（問題意識）

　実はこの研究会の新しいテーマが「スポーツ・エクセレンス」であると聞いたとき、私は何か突然の不意打ちにあったような変な感じ、違和感の様なものを覚えた。その時は良く解らなかったその感覚について自分自身を探って行くと、いろいろと面白い発見があった。本論に入る前に少しそのことについて述べさせていただきたい。（なお私の専門、関心の領域は、プロ、アマ、種目を問わず、協会・リーグ・チームなど、スポーツ組織における経営、特にブランディング、マーケティング、メディア展開等であるので、この文章における「スポーツ経営」とは主にそれらを指すものである。）

　私は一般企業で営業、マーケティング、事業企画などを約15年間経験した後、1996年にNFLの日本代表者としてスポーツ経営の世界に飛び込んだ。私はスポーツの競技経験もなければファンでもない、スポーツの「外人」である。そんな私の目に映った日本のスポーツ界やスポーツ経営は疑問や謎ばかりであり、それは次第にフラストレーションや憤りの様なものに変わっていった。私はそれらに対する回答を見出したくてたまらず、様々な書物にあたり、人々の言葉に耳を傾け、様々に議論する日々を続けていた。するといつの間にか私の中に日本のスポーツ経営に対する強い問題意識と変革の必要性に対する確信が育っていることに気が付いたのである。これらのことを初めて論文という形でまとめ、発表したのが、立命館大学経営学会が発行する「立命館経営学」第47巻第4号掲載の「日本のスポーツ経営の現状と取り組むべき優先課題──

171

第3部　マネジメントとマーケティング

スポーツ経営における『ブランド』の重要性」、(2008年11月発行）である。
その内容は以下のようなものである。

　経営とは社会やそこに生きる人々と向き合い、そこにある課題や問題に対
しソリューションを提供することである。日本のスポーツ経営はこの「何を
目的に、何をするのか、それは何故か」という、経営の基本、原則に向き合
って来なかったのではないか。だから今、日本のスポーツ経営の優先課題は
細かな技術論などではなく、その前提である経営理念、すなわち vision の
構築である。これはスポーツという抽象的な存在が持つ本質を映し出すもの
であるから、必然的に論理化や言語化が困難なものとなる。その課題を解決
する概念が「ブランド」である。ブランドとは生産者の「本質的かつ主観的
vision」と消費者の「記憶の集合体」のと間のインタラクティブな関係の中
で生成される「社会的知識」である。スポーツ経営に携わる者は自らのブラ
ンドを構築する困難な作業を経験することを通じて「現代社会とそこに生き
る人々」を知り「スポーツは人々に何を提供するのか」という経営の根幹に
ついて深く思考し、理解する必要がある。

この文章から 10 年が経った。今回の原稿を書くに当たり久しぶりに読みか
えしてみたのだが、驚いたことに現在の私のスポーツ経営に対する問題意識が
ほぼ全て提示されている。むしろよりクリティカルな課題として現在その重要
性を増しているように感じたのだ。それはこの 10 年間私が進歩していないこ
との証明なのかもしれないが、一方で日本のスポーツ経営が抱える本質的な問
題もこの 10 年間手つかずのままであることを意味しているのではないだろう
か。
　私が最初に「スポーツ・エクセレンス」という言葉に変な感じを抱いたのは
この事なのである。「そんなもの、一体どこにあるというのだ」というのが率
直な気持ちなのだ。しかし、である。私は同時にこの言葉に明るい光の様な感
覚、目の前に突然空間が広がったような開放感を得たのだ。それが不意打ちの
感覚なのである。
　私は元来楽観主義者なのだが、スポーツ経営のことを考え始めるといつも長
く暗いトンネルを掘り続けているような重苦しい感覚に陥り、そこに堆積し、

172

散乱している問題に心を取られるあまり、つい否定的な悪態を繰り返してしまう癖がある。しかし今回は折角「エクセレンス」というテーマが与えられたのだから、この機会にスポーツ経営のあるべき姿について、これまでの私の思考を振り返り、整理しながら、現在の私が思うところを真っ直ぐに、堂々と、自由に述べても良いのではないかと思ったのである。

2 スポーツ経営は missionary な art である。

　私はかつて NFL の前コミッショナーであるポール・タグリアブーに「スポーツ経営の特質とは何か」と質問したことがある。彼は即座に「missionary な性格を持つ art である」と答えた。私はその言葉に感動し、深く納得したのを覚えている。そう、確かにスポーツ経営にはなにか伝導や布教の性格がその背景に、その奥深いところに、その中心にあるように感じるのだ。そして「経営」とは人間が構想し、創造し、行動する行為であり、それは繊細さとダイナミズム、怜悧な思考と人間臭い躍動感などが入り乱れる静的かつ動的なものであり、そこには art を感じる瞬間が幾度もあるのだ。

　昨年の夏出版され、この種の書籍では珍しく再版を繰り返し、ビジネスピープルを中心に評判となっている「世界のエリートは何故『美意識』を鍛えるのか─経営における『アート』と『サイエンス』」（山口周著、光文社新書）という本がある。一言で言うと、これは現代のビジネスを哲学している本なのである。そこには以下のようなことが書かれている。

　　現代の経営においては、従来のような科学を基にした論理的、理性的な情報処理を優先する方法が通用しなくなっている。なぜならばその方法はその結果、皆が同じ正解を導き出す正解のコモディティ化を起こしてしまうからである。不安定かつ流動的で複雑さを増している現代社会の中で真に実効性のある問題解決を導きだすためには、確立された論理や方法に従うのではなく、むしろ個々人の的確な判断が極めて重要になってくる。そして判断力とは客観性や論理性だけで構成されるものではなく、個人の価値観や世界観や美意識、つまり内在的な真・善・美を判断する感覚や知性に深く根差すものなのである。むしろいたずらに論理的であろうとする姿勢は分析麻痺の状態

第3部　マネジメントとマーケティング

を引き起こし、その結果意思決定力や問題解決能力、創造力などの衰退に繋がる事態を引き起こしてしまう。

　また歴史的な転換期である困難な現代社会を生きる人々の心理や行動の背景に共通するものは自己実現欲求である。そこで有効となるのも従来の論理構成能力を駆使した科学的で精密なマーケティングではなく、人々の心の中にある承認欲求などの欲望や願望に語りかける、感性や美意識、表現力など、いわばアートが持つ力である。

　現代社会における経営のガバナンスには「アート」、つまり自身の価値観や美意識を基に鮮烈な vision を掲げるトップが描く Plan を中心に置き、それを、豊富な知識や経験を用いて展開する「クラフト」の Do、そしてそこに論理的で現実的な裏付けを与える「サイエンス」の Check が脇を固めるという形がふさわしいのである。

　私は以前から、スポーツ経営、特にマーケティングの領域は、その本質的な特性として一般の消費財などよりも複雑かつ高度で、時代の先端をゆくものであると主張してきた。なぜならばスポーツという存在が持つ本質的かつ最も普遍性の高い価値とは、「人々の『自己承認を通じた自己実現』に、力を与える存在になり得る」ところであると考えているからである。スポーツは歴史の大転換期の真っただ中にある現代のような「キツイ」社会を生きる多くの人々にとって重要な社会的装置となり得るのである。

　私は人間がスポーツを求める根源には、他の消費財等を求める心理とは異なる、はるかに深く、高次の存在、あえて言葉にするならば「光や力や愛」への希求が存在すると考えている。それは生命の安全が保障され、日常生活のモノやコトも充足したそのあと更に自己を実現したい、などと欲望せずにはいられない人間という不思議な生き物を、その奥深いところから突き動かすものである。私にはそれがフロイトの言う人間が無意識の中に閉じ込めている根源的な欲望、エロス（生）とタナトス（死）であるように思えるのだ。フロイトは人間が現実社会において抑圧されている様々な欲望を、芸術活動や鍛錬やスポーツなどの社会的なコミュニケーションの形に転換して表出しようとするとして、それを「昇華」と呼んでいる。「光や力や愛への希求」とはこの「昇華」なのである。

174

13 「スポーツ経営」を哲学してみる

このようにスポーツとは社会が複雑さを増し、至る所に格差や断絶が生まれ、皆が不安や孤独に苛まれ、自分が生きる意味や存在価値が見いだしにくい現代のような抑圧的な社会が進めば進むほどその「昇華」を求める人々から強く求められ、その価値を高めてゆく存在なのである。それに携わるのは正にmissionary な仕事であると言えるのではないか。

私がスポーツについてこのように考えたのは、私自身の価値観、社会に対する問題意識がまず先にあり、そこにスポーツという「記号」を置いてみて、「その優れた関係のあり方」について想像力や感性、美意識や論理を動員して導き出した結果である。このプロセスを絶えず繰りかえすことを通じて、私の中にあるスポーツに対する認識は絶えず更新され、その都度スポーツの新たな側面と価値（そして問題点）を発見する。このスポーツの多様なあり方が、常に変化することを止めず、多様性を拡大し続ける現代社会に於いて様々な場所で、様々な形を持ってスポーツが発展してゆく可能性となるのである。

こうしてみると確かにスポーツ経営は art に似ているのである。それは art もまた「光・力・愛」（その裏返しの「暗黒・弱さ、孤独」）などを表現するという事と、上に述べたようにそもそも経営という行為が art の要素を持つ点の2 つの意味においてである。

経営の視点に立てば「スポーツ」はモチーフとなる。artist はモチーフを前にして以下のような事を考える。「ここにはどんな秘密が隠されているのか」「ここからどんな魅力を引き出すことが出来るのだろう」「私がこれをモチーフにしてみようと思ったのは何故だろう」「視点を変えてみると新たな面白さが発見できるかもしれない」「いたずらで、他の全く異質な要素を加えたらどうなるだろう」「そのためにはどんな技術が必要なのか」「どんな人がその魅力を感じてくれるのだろうか」「こんな人の心を動かしてみたい」…。書いていて気付いたのだが、これはマーケティングの発想や思考、そのものではないか。やはりスポーツ経営は art なのである。

しかしこれに関しては 2 つの反論が予想できる。

3 スポーツ経営における science

一つ目は、経営は確かに art の性格を強く持っているが、それだけで経営は

175

第3部　マネジメントとマーケティング

成立するものではない。現実の経営、特にマネジメントにおいては science が必要である、というものである。私はこの考え方に基本的には同意する。しかし私の問題意識は 10 年前に書き記したように日本のスポーツ経営には「何を目的に、何をするのか＝スポーツ経営とは何か」という根源的な問いが未だになされておらず、誰もその回答を手にしていない、という事である。その一方でマネジメントに関する science はその領域を増々拡大しながらひたすらに進化しているように見える。私にはそれが奇妙に映るのである。

　私が目にする日本のスポーツ経営の現実とは、上位のマネジメント層から新入社員に至るまで全員が、日々目の前にあるチケットのセールスと、スポンサー営業、そして試合の運営やグッズの販売等のルーティンを繰り返すだけで精一杯であり、またそれが自分たちの仕事、つまりスポーツの経営であると信じて疑わない様なのである。もちろん彼らは改善を模索し、努力を行っているが、それはあくまでも従来の日常業務の経験に基づくものであり、彼らが信じる「スポーツ経営」を疑う事は決してないのである。そんな彼らは science にはあまり関心が無いようであり、むしろ「使えない」と確信を持って語る「出来る職員」の姿を度々目にするのである。しかしそれは当然のことなのである。なぜならば経営において science が本当に必要とされ、現実的な力となるにはその前提が必要なのである。それが明確な経営理念に基づく経営戦略であり、職員一人ひとりの問題意識の高さなのである。繰り返すが日本のスポーツ経営にはこれらが決定的に欠けているのである。

　そのような事が現実である中で science だけはひたすらに細分化しながら深化と高度化を続ける。私は研究や学問の自立の重要性は理解しているつもりである。だからこそ余計に感じるのである。このアンバランスな状態がいつまでもそのまま放置されている状況には、既に「分析麻痺」の状態を超え、何かニヒリズムのようなものが漂っているのではないか、という事を。

　この奇妙な、しかし実に日本的な姿を象徴しているのが 2020 年東京オリンピック・パラリンピックではないか。選手の強化方法から獲得メダル数、施設の建築、整備から閉会後のレガシー、そして経費と収入の帳尻合わせまで、様々に議論は騒々しいが、そもそも日本（東京）は何のためにこれを誘致し、何を成そうとしているのかという事、つまり理念や vision を問う者は、もはや空気を読めない、忖度もできない人間だけであるようだ。

13 「スポーツ経営」を哲学してみる

いったい、どこに「スポーツ・エクセレンス」があるというのか。

4 スポーツの「生産」と「消費」から見えてくる
スポーツ経営の特性

　もう一つの反論はスポーツを「モチーフ」とした、私の姿勢に対してである。スポーツにはそれ自体に豊かな価値がある。だからその価値を人々に提供するのがスポーツ経営である、という声である。その声にも私は同意する。その上でその「スポーツの価値」について、経営の観点から改めて考え直してみたい。

　一般の経営における商品やサービスの「生産」と「消費」を、スポーツの「する」と「見る」に対照してみるとスポーツ経営の特質が明らかになる。

　一般の経営において生産の目的は市場や消費者など、外部に存在する。むしろ外部の存在を前提に、意図して商品を生産するのが経営である、というべきであろう。ところがスポーツを「する」行為の目的は勝利や記録、順位、（自分の）楽しみ等、スポーツの内部にあるのである。スポーツを「する」という行為は自己完結しているのである。更に言えばスポーツとはそれを行えば行うほど、スポーツとそれを行うものが一体化し、外部や他者を喪失し、ひたすらにその存在が純化してゆくものなのである。そこにはむろん消費者や顧客、市場などの概念はあるはずもない。

　そしてここがスポーツの経営を最も特長づけるのであるが、スポーツを見る、つまり「消費」する側は、このスポーツが商品として生産されていない点に価値を見出すのである。それは「無償性」「純粋性」「絶対性」などの言葉で表現できるものである。現代社会ではあらゆる存在がその関係性や有用性、誰かの理由や都合・損得などによって縛り付けられ、価値判断がされる。そんなまるで自分自身も商品であることを強いられているような息苦しさや、空虚さの中に生きる現代の人々にとって、スポーツは他では得られない解放感や充実感や包摂感、つまり「光や力や愛」を感じさせる存在なのである。

　更に「見る＝消費する」側は、スポーツに対して様々な意味づけを（勝手に）行い、自ら思い入れやこだわりを強くしてゆく。言い換えれば人はスポーツと「（勝手に）対話をしている」のである。それはスポーツと、それを愛する自分自身と、その関係などの間に「幻想」を生産し増殖する作業である。スポーツ

177

第3部　マネジメントとマーケティング

を鏡にした「自己愛」の物語がそこにあるのである。以下にネット上で見つけた自己愛の物語を二つ紹介したい。一つは個人の物語、もう一つは人々が共有する物語である。（元のものを、私が編集したものである）

　　（怪我の回復が十分でないベテラン選手が、チームの危機に自ら申し出て交代で出場し、体を投げ出してシュートを防ぐ必死の姿に）「あいつは失業なんかでいつまでもぐずぐずしている俺を叱ってくれたんだ。俺も小さなプライドなんか捨てて、明日から職探しに行こうって思いました」（37歳男性）

　　「あの頃日本中が経済も政治も信じられず、年金のこととか考えると将来も不安ばかりで、皆が絶望的な気持ちでした。そしてそれに追い打ちをかけるような東日本大震災と、福島の原発事故。『あー日本、終わったー』っていう時にあのなでしこジャパンのニュース、澤さんの同点ゴール、そして奇跡の世界一。自分たちと同じような貧弱な体で、自分の年収と変わらない生活で頑張る姿を観て、もしかしたら日本、大丈夫かもって思いました。」（37歳女性）

　スポーツをする＝「生産」する側は何の言葉も、メッセージも発していない。Artとスポーツとの異なる点はそこにあるのではないだろうか。Artは創作者の（意識する、しないに関わらず）世界観や価値観や美意識が存在し、作品に反映され、受け止める側にとってそれがメッセージとなる。だからそこにはコミュニケーションが成立していると言える。しかしスポーツはそうではない。「人は（勝手に）スポーツに『片思い』をしている」のである。そしてその「片思い」は自己愛の発露なのだから必然的に美しく感動的なものとなる。それはいわばスポーツが人々の「心のロンダリング装置」として機能していると言えるのではないだろうか。スポーツは誰にも視線を与えていない。何の物語も語っていない、スポーツは無色なのである。しかし、それゆえに人を選ばず「どの様な思いも受け止めてくれる包容力の高い装置」として他のどんな存在よりも多くの人々の支持を受けるのである。（もちろん誰の思いも「受け止めて」などいない。）かつて詩のようなものを書き、音楽をそれなりに真剣にやっていた私から見るとスポーツはずるいのである。

178

5 スポーツ経営の特性と「ブランド」、「物語」

　スポーツの「する—見る」の極端な非対称性がスポーツ経営の特殊性を形成しているのである。そうであれば、スポーツ経営が最優先で取り組むべき課題は明らかである。

　まず、現代社会の多様な人々の様々なスポーツに対する思い、幻想、そこに有る沢山の物語、その社会的、心理的背景などについてよく知り、理解することである。一方そのスポーツ（その組織が扱うスポーツ種目）について、その文化性や精神性などを、誕生の起源や発展の歴史的背景などを研究し深く把握、理解することが必要である。すなわち、消費者とそれを取り巻く環境の理解、及び自分たちの「商品」の理解である。次にこの2つの要素から（他のスポーツとの比較も意識しながら）そのスポーツの現代社会における価値や魅力、アピールできる点などを導き出すのである。そして最後にこれら全てを盛り込んだ、スポーツが現代を生きる人々を幸福にする「物語」を創造し、それを実現する戦略を構築するのである。つまり一般の経営とその基本の構造は何も変わらないのである。

　このプロセスで導き出されるものが vision そして「ブランド」なのである。ブランドという概念は未だに多くの人から経営上の飛び道具的、例えば「商品の特徴を際立たせ、他の商品と差別化する手法」のような認識、扱いをされているようであるが、そうではない。経営の原点なのである。特にスポーツのような抽象性が高いものを扱う経営においては尚のことである。その原点を何度でも何度でも繰り返し確認しなければならないのだ。

　先に紹介した「日本のスポーツ経営の現状と取り組むべき優先課題」の中で、ブランドマーケティングにおける世界的権威である J.N. カプフェレの著書「ブランドマーケティングの再創造」の一部を紹介した。そこで彼は、「競争が激化する今日の世界では、ブランドには強い使命感が必要である」としたうえで「ブランドについてその成立基盤を定期的に確認する必要があり」「そのためにブランドに以下のような問いかけをするべきである」として5つの項目を示している。図1にその5項目と、併せて日本のサッカークラブを例にとって簡単な、模範解答例を書いてみた。

第 3 部　マネジメントとマーケティング

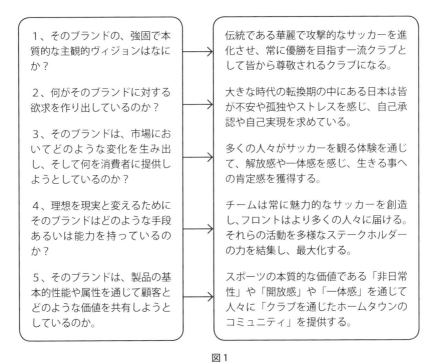

図1

　この模範解答例に、クラブの歴史や現状の課題・目指したい将来像、ホームタウンの特性、クラブとの理想的な関係などについてよく考慮し、それらを生き生きとした言葉で表現してみると良いのではないか。主観と客観、生産者と消費者それぞれの立場、それを何度も往復することを通じて、スポーツに人々が期待するものと、経営が成すべき事への理解が次第に深まりを増すのではないだろうか。
　もう一つ「博報堂ブランドデザイン」が主張する「これからのブランドに必要な3つの要素」の図と、こちらも、この図をスポーツに当てはめてみた場合について書いてみた（図2）。
　スポーツ経営は驚くほどこの図にぴたりと合致する構造と性格を持っているではないか。スポーツ経営は経営の最先端であるブランド経営の、そのまた先端をゆくものなのである。「モノからコトへ」「製品価値から経験価値へ」「感動消費の時代」そして「自己実現消費の時代」へ。スポーツ経営は最初からこ

13 「スポーツ経営」を哲学してみる

ブランドを形成する基本的要素

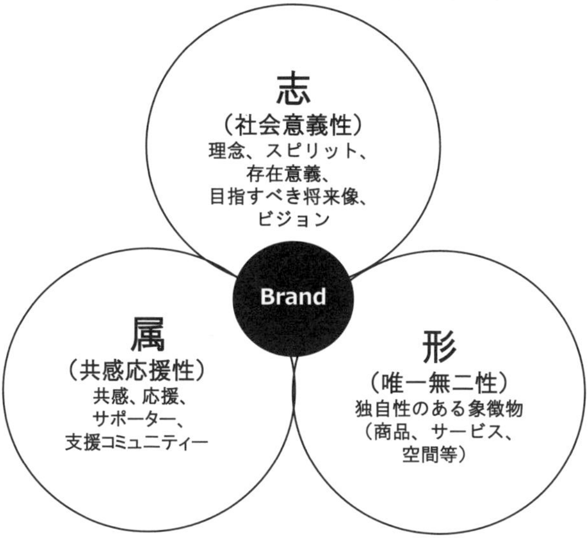

志
（社会意義性）
理念、スピリット、
存在意義、
目指すべき将来像、
ビジョン

Brand

属
（共感応援性）
共感、応援、
サポーター、
支援コミュニティー

形
（唯一無二性）
独自性のある象徴物
（商品、サービス、
空間等）

スポーツに置き換えると

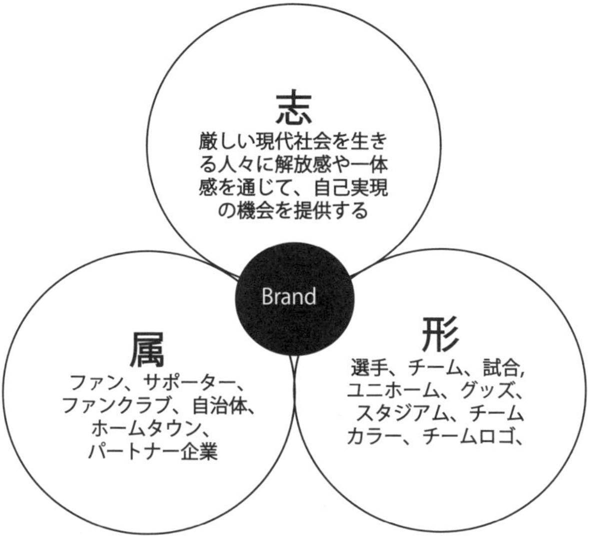

志
厳しい現代社会を生き
る人々に解放感や一体
感を通じて、自己実現
の機会を提供する

Brand

属
ファン、サポーター、
ファンクラブ、自治体、
ホームタウン、
パートナー企業

形
選手、チーム、試合,
ユニホーム、グッズ、
スタジアム、チーム
カラー、チームロゴ、

図 2

181

第3部　マネジメントとマーケティング

の地平に立っているのである。むしろこの地平以外で展開してはいけない、と言うべきである。なぜならばスポーツは人々が最も大切にしている心の奥底にある「切実さ」に「光や力や愛」を感じさせることが出来る稀な存在だからである。人々が「スポーツがそのような存在であって欲しい」と望んでいるのである。「スポーツは私たちの生活に何か『善いもの』を齎してくれる存在である」「そう信じたい」と（勝手に）願っているのである。人々のその想い、つまり「スポーツの幻想の物語」を語り続け、その実現を目指す活動、その全体がスポーツ経営なのである。チームが厳しい練習を行うのも、死力を尽くして戦うのも、選手が小学校を訪問するのも、チアリーダーが社会貢献活動を行うのも、全ては物語の創造とその実現のためなのである。

　ここまで何度も「物語」という言葉を使った。私は物語こそが、スポーツとスポーツ経営の核心に位置する言葉であると考えるからである。記録、記憶、伝統、伝説、夢、想い…スポーツを語るときに頻出するこれらの言葉の背景にあるのは全て物語である。そして物語の魅力や価値は定量化できない。数値化も困難である。science にも馴染まない。しかしそのことがスポーツを圧倒的な高付加価値産業とするのである。物語には原価も定価もない。価値を決定するのは物語に対する共感の強度と総量だけである。それが NFL、MLB、EPL などの海外の一流リーグやチームに巨大な成功を齎しているのである。「我々は世界で最も難しい仕事をしている。それは空気を作り、高く売る仕事である」と NFL のエグゼクティブが語っていたが、実に的を射る言葉ではないか。

　それに対して「チケットの単価が幾ら、T シャツの原価が幾ら、それを何枚売るか」などという事に注力し、それがスポーツ経営であると信じている現在の日本のスポーツ（界）は、自らの価値を、そしてスポーツの価値をわざわざ「モノ」「製品」に貶めていることが解るだろう。それはファンの「切実な思い」「幻想の物語」を踏みにじる愚行である。それが日本のスポーツ経営をいつまでも二流の位置に押し留めているのである。

6　おわりに　―スポーツ経営におけるmissionaryとは何か―

　J.N. カプフェレが「強固で本質的な主観的ヴィジョン」と言い、博報堂ブランドデザインが「志」と呼んだもの、それは visionary という言葉で代替でき

るだろう。だがポール・タグリアブーは missionary と言った。両者を分けるのは超越性ではないだろうか。

スポーツファンはスーパープレーを「奇跡」「神憑り」「後光が差す」と言い、「血沸き肉躍る」熱狂でスタジアムを「非日常の祝祭」空間に変貌させ、それを「聖地」と呼ぶ。私も「光や力や愛」「絶対性」などという表現を用いた。スポーツには人間をどこか遥か遠くの「場」に一気に連れ去り、そこに有る「何か大いなるもの」と繋がり、抱かれているような感覚、体験を私たちに齎す。それを宗教のようなものである、という言い方は簡単であるが、それであれば宗教とは何かという、もっとややこしい話になってしまう。

しかし私の関心は長いことそこに有る。「スポーツは本当に良いものなのか、どこが良いのか、それはなぜか」という堂々巡りの行き着く先はいつもここである。しかしこのような哲学的懐疑なしでスポーツ経営に携わるなど罪である、ということは繰り返し言いたい。

実は最近、まだ曖昧ではあるが、これらの解の源を漸く見つけたような気がしているのだ。しかしこのことはもっと時間をかけてよく考え、またいつか機会があれば書いてみたい。とりあえず今は以下のことだけを示しておきたい。

スポーツとは「社会」を生きる人々に、その外側に広がる「世界」の存在を知らしめ、そこに人間の源と現在、そして未来があることを、その肉体と魂に刻印する装置である。

■執筆者一覧

山中義博　三井物産株式会社人事総務部

佐野慎輔　産経新聞

松本泰介　早稲田大学

井上俊也　大妻女子大学

大山　高　帝京大学

石井昌幸　早稲田大学

川井圭司　同志社大学

中澤篤史　早稲田大学

林　伯修　国立台湾師範大学

原田宗彦　早稲田大学

阿部正三　株式会社インテージ　執行役員

河路　健　株式会社インテージ

武藤泰明　早稲田大学　［研究会代表世話人］

町田　光　スポーツブランディングジャパン

本書は製作費の一部について、早稲田大学総合研究機構からの補助を得て刊行しました。

スポーツ・エクセレンス　―スポーツ分野における成功事例―

2018 年 6 月 11 日　第 1 刷発行

編　者　　早稲田大学スポーツナレッジ研究会

発行者　　鴨門裕明

発行所　　㈲創文企画
　　　　　〒 101-0061　東京都千代田区神田三崎町 3 ― 10 ― 16　田島ビル 2F
　　　　　TEL：03-6261-2855　FAX：03-6261-2856　http://www.soubun-kikaku.co.jp

装　丁　　オセロ

印刷・製本　壮光舎印刷㈱

©2018 早稲田大学スポーツナレッジ研究会　　ISBN978-4-86413-109-4　　Printed in Japan